本书为厦门市金砖创新基地建设领导小组办公室委托项目

"金砖国家新工业革命伙伴关系创新基地智库合作和课题研究"

2023年度项目研究成果

金砖国家研究丛书

新时代中国特色大国外交视域下的金砖合作研究

林宏宇 等著

天津出版传媒集团

天津人民出版社

图书在版编目(CIP)数据

新时代中国特色大国外交视域下的金砖合作研究 / 林宏宇等著. -- 天津 : 天津人民出版社, 2025. 1. (金砖国家研究丛书). -- ISBN 978-7-201-20863-3

Ⅰ. D82

中国国家版本馆CIP数据核字第20251VS356号

新时代中国特色大国外交视域下的金砖合作研究
XIN SHIDAI ZHONGGUO TESE DAGUO WAIJIAO SHIYU XIA DE JINZHUAN HEZUO YANJIU

出　　版	天津人民出版社
出 版 人	刘锦泉
地　　址	天津市和平区西康路35号康岳大厦
邮政编码	300051
邮购电话	(022)23332469
电子信箱	reader@tjrmcbs.com

策划编辑	王　玲
责任编辑	王　玲
封面设计	汤　磊

印　　刷	天津新华印务有限公司
经　　销	新华书店
开　　本	710毫米×1000毫米 1/16
印　　张	10.75
字　　数	150千字
版次印次	2025年1月第1版　2025年1月第1次印刷
定　　价	79.00元

丛书总序
金砖合作引领全球南方发展

当前世界百年未有之大变局正加速向纵深演进，人类社会面临前所未有的挑战。面临巨大不确定性的国际社会需要更加有效的多边合作，尤其是创新性合作。而金砖合作机制就是这种创新性多边合作的典型范式，是实现全球南方国家共同发展的国际制度创新。

近来"全球南方"（Global South）的概念被炒作得很热。少数西方发达国家欲借此概念把中国从发展中国家里"除名"，而少数发展中大国也想借机削弱中国在发展中国家的影响与地位。实际上，早在2017年中国提出"金砖+"概念，就已开启了全球南方国家合作的大幕。"金砖+"概念承前启后，不仅与旧南南合作关系密切，而且还是新南南合作的典范。正是因为有"金砖+"的创新机制，中国作为全球南方国家的永恒代表与主导地位才不可撼动。

可以说"金砖+"机制"始于（旧）南南合作，终及新南南合作"，而其"全球南方"的属性始终很显著。以"金砖+"为代表的金砖合作将引领并推动未来"全球南方"国家合作进程。

一、"始于旧南南合作"，是指"金砖+"机制的原理源于20世纪50至60年代蓬勃兴起的（旧）南南合作运动

该运动是发展中国家通过团结互助追求独立自主、摆脱发达国家政治经济控制的标志性运动。在美苏冷战对抗的历史背景下，发展中国家通过

"不结盟运动"和"七十七国集团"两大平台追求政治独立,奠定了旧南南合作的政治基础。但是旧的南南合作运动在取得一定成果的同时,随之面临的是发展停滞及被边缘化的困境。由于发达国家产业转移、南南国家产业结构相互竞争等原因,"南南合作在很长的一段时间内并没有带动发展中国家实现预期的发展","南南合作已不再是发展中国家的主要战略选择",[①]部分发展中国家回到依附发达国家的老路,旧南南合作平台进入发展瓶颈期。

陷入困境的旧南南合作运动急需塑造成功发展的典范,以形成从虚到实、行之有效的合作机制。当历史走入 21 世纪,一批新兴市场国家崛起为国际政治经济格局的新锐力量,尤其是在 2008 年全球金融危机爆发后,新兴市场国家和发展中国家成为全球治理重要力量的趋势越来越明显。2017 年诞生的"金砖+"机制模式则进一步调动了更多新兴市场国家和发展中国家的积极性,客观上为推动旧南南合作迎来第二波发展高潮带来了历史机遇。

在 2017 年厦门金砖峰会上,习近平主席提出"金砖+"概念,时任外交部部长王毅在第一时间就阐述了"金砖+"与南南合作的内在关系。他在十二届全国人大五次会议记者会答记者问时指出:"我们将探索'金砖+'的拓展模式,通过金砖国家同其他发展中大国和发展中国家组织进行对话,建立更广泛的伙伴关系,扩大金砖的'朋友圈',把金砖合作打造成为当今世界最有影响力的南南合作平台。"[②]

"金砖+"机制之所以成为引领全球新兴市场国家和发展中国家共同推进南南合作的典范,是因为它呼应了广大发展中国家的必然诉求。

首先,除了金砖国家,世界各个次区域都有大批新兴市场国家快速崛起。这些新兴市场国家在区域和全球的影响力在不断提升,也普遍希望通

---

① 田旭:《从"金砖+"机制看南南合作模式创新》,郭业洲主编:《金砖国家合作发展报告(2019)》,社会科学文献出版社,2019 年,第 162~163 页。

②《王毅谈金砖合作四大看点:构筑南南合作新平台》,中国网,http://www.china.com.cn/lianghui/news/2017-03/08/content_40428024.htm。

过建立相互之间的南南合作对话平台,加强本国在本区域或全球经济体系的话语权。金砖国家是全球发展中国家的领头羊,金砖国家合作机制对迫切要求提升国际影响力和话语权的新兴市场国家有极高的吸引力,而金砖国家合作机制也有责任整合全球新兴市场国家力量,为促进旧南南合作继而提升发展中国家整体影响力发挥作用。

其次,20世纪南南合作的重心是通过相互支持追求意识形态的独立自主,但是囿于南方国家内部经济结构同质化而难于建立起有效的经济互补机制。进入21世纪,金砖国家合作机制通过金砖国家新开发银行(NDB)、金砖国家工商论坛等机制化经济合作平台为旧的南南合作注入新的理念。随着金砖国家从区域大国经济发展合作概念进一步升级为全球发展中国家命运共同体概念,"金砖+"为旧南南合作赋予了新的时代内涵,即广大发展中国家不仅要通过理念认同来维护独立自主的国际政治地位,还要通过经济互助来引领全球化的国际经济趋势,更要通过发展中国家共同体建设,实现公平、公正的人类命运共同体目标。

二、"终及新南南合作",是指"金砖+"机制克服逆全球化与单边主义的挑战,致力于推动"全球南方"国家的共同发展

近年来,部分西方发达国家选择了单边、保守、"退群"、"脱钩"的对外政策,这导致推动人类进步的全球化发展道路和《联合国宪章》所提倡的多边主义都面临严峻挑战。全球新兴市场国家和发展中国家在"南北对话""南南合作"中面临共同的问题,旧南南合作举步维艰。尤其是发展中国家在投资、贸易、技术等领域缺乏互补优势,严重阻碍了南南合作从务虚平台最终向务实平台的转化。

为此,中国提出并推动"金砖+"模式,是希望用中国经验回应广大发展中国家所面临的一些共性问题,尤其是中国作为对全球发展贡献最大的发展中国家的领头羊,能够在资金注入、技术转移、贸易互补、基础建设等方面为其他发展中国家提供发展动能。2015年,习近平主席在出席联合国发展峰会期间宣布中国出资设立"南南合作援助基金",2022年中国政府又在全球发展高层对话会宣布将"南南合作援助基金"升级为"全球发展和南南合作基金",坚定不移支持发展中国家的可持续发展。"中国通过'金砖+'合作带动其他有着相似发展目标的新兴市场国家借助金砖国际合作机制实现共同发展"①,这也为"全球南方"国家的南南合作向创新转型作出表率。

正如2017年习近平主席在金砖国家工商论坛开幕式上指出的:"我们应该发挥自身优势和影响力,促进南南合作和南北对话,汇聚各国集体力量,联手应对风险挑战。我们应该扩大金砖合作的辐射和受益范围,推动'金砖+'合作模式,打造开放多元的发展伙伴网络,让更多新兴市场国家和发展中国家参与到团结合作、互利共赢的事业中来。"②习近平主席在金砖国家领导人第十四次会晤时又指出:"金砖国家不是封闭的俱乐部,也不是排外的'小圈子',而是守望相助的大家庭、合作共赢的好伙伴。"③与七国集团不同,金砖国家合作机制始终向广大新兴市场国家和发展中国家开启大门,致力于推动更多新兴市场国家和发展中国家深化合作、共同发展,是21世纪新南南合作最有潜力的发展方向。从此,"金砖+"模式成为真正多边主义和新全球化的未来选择。

"金砖+"模式诞生以来,金砖国家保持与其他新兴市场国家和发展中国家竭诚合作、成果斐然,"金砖+"正从理念逐渐向机制发展,展现了强劲的生命力,代表了未来南南合作乃至全球化的发展方向。越来越多的新兴市场国家已经意识到金砖国家合作机制是推动新南南合作、维护发展中国家利益的重要平台。也正是在此背景下,"金砖+"机制正在以前所未有的姿态出现在世界舞台,吸引越来越多新兴市场国家的积极参与。2023年

---

① 李峰:《"金砖+"合作模式研究》,中国经济出版社,2019年,第22页。

② 习近平在金砖国家工商论坛开幕式上的讲话(全文),新华网,http://www.xinhuanet.com/politics/2017-09/03/c_1121596338.htm。

③ 习近平在金砖国家领导人第十四次会晤上的讲话,新华网,http://www.news.cn/world/2022-06/23/c_1128770800.htm。

的南非金砖国家峰会实现了历史性的突破。沙特、埃及、阿联酋、伊朗、埃塞俄比亚等发展中国家成为金砖国家正式成员。

三、以习近平外交思想为核心的中国外交始终重视南南合作，以金砖合作为代表的新型南南合作将引领和推动全球南方国家合作进程

在习近平外交思想众多关于南南合作或者中国与发展中国家合作的表述理念中，"金砖+"是习近平外交思想对于南南合作的全新创举和高度凝练。"坚定支持新兴市场和发展中国家在国际事务中发挥更大作用，推动世界大变局向正确方向演进。"①中国始终认同自己是发展中国家大家庭的一分子，把新兴市场国家和发展中国家作为对外关系的重要方向，始终把新兴市场国家和发展中国家看作共同构建人类命运共同体、构建新型国家关系的关键伙伴。在2023年南非金砖国家峰会上，习近平主席再次强调，中国坚定奉行独立自主的和平外交政策，致力于推动构建人类命运共同体。作为发展中国家、"全球南方"的一员，中国始终同其他发展中国家同呼吸、共命运，坚定维护发展中国家共同利益，推动增加新兴市场国家和发展中国家在全球事务中的代表性和发言权。正如习近平主席在南非约翰内斯堡金砖国家工商论坛闭幕式发表题为"深化团结合作 应对风险挑战 共建更加美好的世界"的致辞中所强调的，以金砖国家为代表的新兴市场国家和发展中国家群体性崛起，正在从根本上改变世界版图。无论有多少阻力，金砖国家这支积极、稳定、向善的力量都将蓬勃发展。我们将不断深化金砖战略伙伴关系，拓展"金砖+"模式，积极推进扩员进程，深化同其他新兴市场国家和发展中国家团结合作，推进世界多极化和国际关系民主化，推动国际秩序朝着更加公正合理的方向发展。

当前国际政治右翼思潮有进一步泛滥的苗头，不负国际发展与安全责

---

① 杨洁篪：《深化新兴市场国家和发展中国家团结合作 携手共建人类命运共同体》，《求是》2022年第14期。

任的国家可能越来越多,全球治理正面临严重赤字。而经济长期高速增长、社会保持长期稳定的中国,对国际社会的影响力日益提升,对全球治理的贡献度也日益提高。尤其是2023年以来,"一带一路"建设进入第二个金色十年,"金砖+"合作机制进一步蓬勃发展,"上海合作组织"安全合作机制日益完善。这标志着"一体两翼"的中国全球治理方案日益成形。"一体"就是"一带一路":进入高质量发展阶段的"一带一路",虽源自中国,但已成为各国追捧的国际公共产品。通过高质量合作,天堑可以变通途,"陆锁国"可以变成"陆联国",发展的洼地可以变成繁荣的高地。"一带一路"正日益成为国际合作的最佳平台。"两翼"就是"金砖合作"与"上合组织":这两个国际合作机制分别代表着良性的发展与共同的安全,是中国式现代化的全球治理主张。"一体两翼"将为进入新时代第二个金色十年的中国带来更大增长动力,将为动荡不安的国际社会注入和平发展、团结包容的正能量,成为纷乱晦暗世界中的一抹亮色。它也使得中国式现代化理念更加深入人心。谁代表世界和平与发展,谁代表世界公平与正义,相信国际社会未来将有明智的判断。

未来时势向我,我们应增强信心,正确处理好新发展格局与新安全格局的关系。既要敢于斗争,更要善于斗争,正确处理好中美战略相持与中华民族伟大复兴、祖国完全统一与中华民族伟大复兴这两对最重要的关系。针对外部世界对中国的"批评"要多回应、少回击。要有战略耐心,静待"慢热"的世界。

从2017年以来,我校国际关系学院金砖研究团队积极响应国家战略需求,先后推出"金砖三部曲""金砖智库合作"等系列成果。自2020年11月习近平主席宣布在厦门建立金砖国家新工业革命伙伴关系创新基地以来,我校进一步加强与厦门市的合作。本丛书就是我校金砖研究中心与厦门市金砖办战略合作的重大成果。衷心期待本丛书能进一步推动我国学界的金砖研究进程,为中国式现代化贡献绵薄之力。

林宏宇

2024年1月17日

前　言

近年来，百年未有之大变局加速演进。世界之变、时代之变、历史之变正以前所未有的方式展开。人类社会面临巨大的挑战，世界又一次站在历史的十字路口。国际社会要迎接这些挑战，需要更多的有效合作，尤其是创新性合作。而作为新型多边合作的代表样式之一，金砖合作就是一个国际制度创新。正如习近平主席所指出的："金砖合作是一个创新，超越了政治和军事结盟的老套路，建立了结伴不结盟的新关系；超越了以意识形态划线的老思维，走出了相互尊重、共同进步的新道路；超越了你输我赢、赢者通吃的老观念，实践了互惠互利、合作共赢的新理念。"可以说，金砖合作为新时代中国特色大国外交探索了一条新路，是对习近平外交思想指引下的金砖合作的丰富和发展。

作为金砖合作的创新举措之一，2020年11月，习近平主席在金砖国家领导人第十二次会晤上宣布，在中国厦门设立金砖国家新工业革命伙伴关系创新基地（以下简称"金砖创新基地"）。此举进一步推动了金砖合作机制化的发展，是中国在习近平外交思想指引下的金砖合作的重要实践举措。为了深入探讨新时代中国特色大国外交与金砖合作的内在关系，华侨大学课题组承接了厦门市金砖办与厦门市外办的重大课题——"《新时代中国特色大国外交视域下的金砖合作研究》"，本书即该课题研究成果。

本书聚焦于习近平外交思想对金砖合作的指导意义与内涵影响。自2017年厦门会晤以来，"金砖+"、金砖共同体、金砖创新基地等具有中国特色、中国元素的理论概念与机制构建不断涌现，这为金砖合作深入发展提供了强大的"中国动力"。厦门也因此被称为"中国的金砖合作之城"。近年来，习近平主席又提出了全球发展倡议、全球安全倡议、全球文明倡议等重要的理论概念，又赋予了金砖合作新的内涵、机遇与意义。

因此，本书重点研究五个方面的内容：一是新时代中国特色大国外交对金砖合作的影响，二是习近平外交思想对"金砖+"机制的引领作用；三是金砖国家共同体建构，四是金砖创新基地建设，五是金砖创新基地实践的世界意义。在此研究基础上，本书提出了六条重要的政策建议，以进一步推动金砖创新基地的建设。

目 录

第一章　新时代中国特色大国外交
对金砖合作的影响

一、"金砖主张"

1.新时代中国特色大国外交视域下的金砖合作研究

新时代中国特色大国外交视域下的金砖合作研究已经形成了"十个坚持"①总体框架，该框架于2018年6月习近平在中央外事工作会议上的讲话中正式完整提出。这"十个坚持"之间并不是简单的并列关系，而是每一个点之间存在着严密的逻辑关联，进而构成一个从理念层面到实践层面都完备的指导当前中国外交工作的理论体系。

具体而言，以习近平提出的"百年未有之大变局"这一历史洞见作为背景和前提，上述"十个坚持"可以分为中国外交工作目标（实现中华民族伟大复兴与构建人类命运共同体）、中国外交工作目标实现的根本

---

① "十个坚持"，即坚持以维护党中央权威为统领加强党对对外工作的集中统一领导，坚持以实现中华民族伟大复兴为使命推进中国特色大国外交，坚持以维护世界和平、促进共同发展为宗旨推动构建人类命运共同体，坚持以中国特色社会主义为根本增强战略自信，坚持以共商共建共享为原则推动"一带一路"建设，坚持以相互尊重、合作共赢为基础走和平发展道路，坚持以深化外交布局为依托打造全球伙伴关系，坚持以公平正义为理念引领全球治理体系改革，坚持以国家核心利益为底线维护国家主权、安全、发展利益，坚持以对外工作优良传统和时代特征相结合为方向塑造中国外交独特风范。《习近平谈治国理政》（第三卷），北京：外文出版社，2020年，第427页。

保证（加强党对对外工作的集中统一领导与坚持增强战略自信）、中国外交工作的基本原则（坚决维护国家主权、安全、发展利益与坚持走和平发展道路）、中国外交工作目标的实现路径（促进"一带一路"国际合作、积极发展全球伙伴关系、积极参与全球治理体系改革和建设、塑造中国外交独特风范）这四个部分。本节将对新时代中国特色大国外交视域下的金砖合作研究这一理论框架进行系统梳理和概括。

（1）两个核心目标

2012年11月29日，习近平在参观《复兴之路》展览时提出，中国梦就是实现中华民族伟大复兴。而中国梦的核心则可以概括为"两个一百年"奋斗目标，即到中国共产党成立100周年时全面建成小康社会，到新中国成立100年时全面建成社会主义现代化强国；当然，中国梦的内涵也将随着时代的发展而不断丰富和发展。"实现中华民族伟大复兴的中国梦"是以习近平同志为核心的党中央的重要执政理念。中华民族伟大复兴并不是一个孤立于世界的目标。习近平多次指出，世界正处于百年未有之大变局之中。百年之前，中华民族在鸦片战争之后经历了江河日下、风雨飘摇的艰难岁月；百年后的今天，在经历了改革开放之后，中国与世界的关系正发生着深刻变化，我们与国际社会的互相依靠、互相影响正不断加深，难以分割。百年前，一个民族的兴与衰建立在弱肉强食的丛林法则之上；而今天，一个民族的复兴则建立在和平与发展的基础之上。因而中国人民的梦想同各国人民的梦想息息相通，中国梦的实现，走的是和平发展道路，奉行的是互利共赢的开放战略。中国的发展依赖世界秩序的和平、稳定与开放，中国的发展也为世界带来更多机遇，这是一个合作共赢的局面。因而我们对民族复兴的追求，建立在对"持久和平、普遍安全、共同繁荣、开放包容、清洁美丽的世界"的追求的基础之上，我们同时致力于构建人类命运共同体。①

人类命运共同体指的是人类社会成为一个"每个民族、每个国家的前途命运都紧紧联系在一起，风雨同舟、荣辱与共"的整体。党的十八大报告指出，在国际关系中倡导合作共赢，"就是要倡导人类命运共同体意识，在追求本国利益时兼顾他国合理关切，在谋求本国发展中促进各国共同发展"。2012年12月5日，习近平主席在同外国专家代表座谈时再一次强调："国际社会日益成为一个你中有我、我中有你的命运共同体。面对世界经济的复杂形势和全球性问题，任何国家都不可能独善其身、一枝独秀，这就要求各国同舟共济、和衷共济。"倡导构建人类命运共同体，是为了实现以合作共赢为核心的新型国际关系。对于冷战思维和零和博弈，"合作共赢"理念提倡"把本国利益同各国共同利益结合起来，努力扩大各方共同利益汇合点，树立双赢、多赢、共赢新理念"。这种理念不仅适用于经济领域，也适用于政治、安全、文化等领域。

具体而言，构建以合作共赢为核心的新型国际关系，打造人类命运共同体，要求我们要建立平等相待、互商互谅的伙伴关系，要营造公道正义、共建共享的安全格局，要谋求开放创新、包容互惠的发展前景，要促进和而不同、兼收并蓄的文明交流，要构筑尊崇自然、绿色发展的生态体系；最终是为了建设一个持久和平、普遍安全、共同繁荣、开放包容、清洁美丽的世界。中国提倡共建"一带一路"，提倡共筑更加紧密

---

①《实现中华民族伟大复兴是中华民族近代以来最伟大的梦想》（2012年11月29日），习近平总书记在参观《复兴之路》展览时的讲话；《实现中国梦不仅造福中国人民，而且造福世界人民》（2013年5月），这是习近平主席在接受特立尼达和多巴哥、哥斯达黎加、墨西哥等拉美三国媒体联合书面采访时答问的一部分；《中国必须有自己特色的大国外交》（2014年11月28日）；《决胜全面建成小康社会，夺取新时代中国特色社会主义伟大胜利》（2017年10月18日）；《在中央经济工作会议上的讲话》（2017年12月18日）；《在第十三届全国人民代表大会第一次会议上的讲话》（2018年3月20日）；《坚持以习近平外交思想为指导，努力开创中国特色大国外交新局面》（2018年6月22日）。

的中非命运共同体，提倡构建携手共进的中拉命运共同体，提倡构建开放包容、创新增长、互联互通、合作共赢的亚太命运共同体，等等，都是为进一步实现构建人类命运共同体的目标而努力付诸实践。[①]

（2）两个根本保障

"加强党对对外工作的集中统一领导"，是习近平于2014年11月28日在中央外事工作会议上发表的关于"中国必须有自己特色的大国外交"的讲话中首次提出的，并于2018年5月15日在中央外事工作委员会第一次会议上进行了系统而全面的论述。坚持加强党对对外工作的集中统一领导，一方面是由治国理政的根本——中国共产党的领导和我国社会主义制度决定的。党的领导必须是全面、系统、整体地体现在治国理政的方方面面，在任何一个环节缺失或弱化，都会损害党和国家事业，而外交是国家意志的集中体现，因而必须坚持外交大权在党中央。另一方面，则是世界格局不断变化和我国外交形势日趋复杂化的环境对我国对外工作提出了新的要求，既要能够统筹国内国际两个大局，又要能够统筹发展安全两件大事，这就要求对外队伍政治过硬、本领高强，还要求对外工作加强谋篇布局、突出工作重点，而这些都需要在党的集中统一领导下才能实现。并且最终，坚持加强党的集中统一领导，也是实现中华民族伟大复兴和人类命运共同体的构建这两个目标的组织基础和根本

---

① 《党的十八大报告》（2012年11月8日）；《在同外国专家代表座谈时的讲话》（2012年12月5日）；《顺应时代前进潮流，促进世界和平发展》（2013年3月23日）；《欢迎沿线国家和亚洲国家积极参与"一带一路"建设》（2015年3月28日）；《铭记历史，开创未来》（2015年5月7日）；《携手构建合作共赢新伙伴，同心打造人类命运共同体》（2015年9月28日）；《在庆祝中国共产党成立九十五周年大会上的讲话》（2016年7月1日）；《共建人类命运共同体》（2017年1月18日）；《携手建设更加美好的世界》（2017年12月1日）；《在庆祝改革开放四十周年大会上的讲话》（2018年12月28日）。

保证。[①]

"坚持增强战略自信"是新时代中国外交的根本要求。中国特色社会主义道路，是基于中国历史和国情的选择，是在实践中经受住了重重考验、带领中国发生了翻天覆地变化的选择。如今中国取得的历史性成就，是我们坚定信心的来源，也只有继续坚定走中国特色社会主义道路，才能建成富强民主文明和谐美丽的社会主义现代化强国，实现中国梦。当今世界还处在变革之中，新机遇与新挑战层出不穷，在这样的背景下，我们更不能迷失其中，而是要坚定自己的道路。只有坚定不移走中国特色社会主义道路，才能坚持独立自主，"我们要虚心学习借鉴人类社会创造的一切文明成果，但我们不能数典忘祖，不能照抄照搬别国的发展模式，也绝不会接受任何外国颐指气使的说教"[②]。只有坚定不移走中国特色社会主义道路，坚定道路自信、理论自信、制度自信、文化自信，才能让我们在复杂多变的国际环境中毫无畏惧面对一切困难和挑战，进而为中国的发展开创更多有利条件、创造更多奇迹。而在此过程中，我们也要告诉世界，我们不"输入"外国模式，也不"输出""中国模式"，"我们追求的是中国人民的福祉，也是各国人民共同的福祉"[③]。

（3）两项基本原则

面对中国的崛起，西方世界大肆宣扬"中国威胁论"，试图在国际社会上制造对中国发展的恐慌，以此来恶化中国的外部发展环境。对此，

---

① 《中国必须有自己特色的大国外交》（2014年11月28日）；《在党的十八届六中全会第一次全体会议上关于中央政治局工作的报告》（2016年10月24日）；《在接见二〇一七年度驻外使节工作会议与会使节时的讲话》（2017年12月28日）；《切实把思想统一到党的十九届三中全会精神上来》（2018年2月28日）；《加强党中央对外事工作的集中统一领导，努力开创中国特色大国外交新局面》（2018年5月15日）。

② 习近平：《青年要自觉践行社会主义核心价值观：在北京大学师生座谈会上的讲话》，人民出版社，2014年，第9页。

③ 《习近平关于中国特色大国外交论述摘编》，人民出版社，2020年，第67页。

习近平主席在国际交往中一再强调，中国走的是和平发展道路，中国的发展追求的是共赢而不是零和对抗，中国也保证绝不会搞霸权、搞扩张。他主要从文化历史、对世界发展趋势的认知、和平与发展的关系，以及中国的实践四个方面来证明，中国无论以前还是以后都必然只走和平发展道路。

在文化历史方面，习近平强调，中华民族是爱好和平的民族，中国的"和"文化源远流长，"和"的精神品质通过文学、教育等形式代代相传至今；在历史上，以丝绸之路、郑和下西洋为典型案例，即使作为当时世界上最强盛的国家之一，中国在对外交往中都是以互惠互利的商贸为主，而不是以领土扩张为目的；中国的近代史，则是一部充满灾难、落后挨打的悲惨屈辱史，中国人民付出了巨大的牺牲才争取到了如今独立自主的地位，因而更加珍惜和平、反对战争，也不会将痛苦加之于其他人。

关于世界发展趋势，习近平指出，当今世界的潮流只有一个，就是和平、发展、合作、共赢。建立在这样的认知基础上，中国必然顺应时代潮流，走和平发展道路。

关于中国崛起与世界的关系，习近平特别强调了两点：一方面，中国的发展依赖于和平的国际环境，任何动荡和战争都不符合中国人民根本利益；另一方面，中国的发展给世界带来的是机遇不是威胁，是和平不是动荡，是进步不是倒退。总之，追求和平，符合中国的发展利益，也符合世界的利益。

最后，中国在行动上也一直践行和平原则。中国始终奉行防御性国防政策，不搞军备竞赛，不对任何国家构成军事威胁；作为安理会常任理事国之一，中国积极参与联合国各领域工作，承担更多国际责任；中国始终坚持通过平等协商处理矛盾和分歧，以最大诚意和耐心，坚持对话解决分歧；在国际交往中，中国坚定奉行独立自主的和平外交政策，坚持国家不论大小、强弱、贫富，都平等相待，并秉持正确的义利观；通过推动共建"一带一路"等方式，中国积极与世界各国共享发展成果。总之，在追求和平的道路上，中国做到了意、言、行的合一。①

习近平强调，我们坚持走和平发展道路的同时，坚决不能放弃我们的正当权益，绝不能牺牲国家核心利益。尤其是在国际环境经历大变局、动荡和风险增多之际，可以说，坚决维护国家主权、安全、发展利益，是我们外交工作要做到的根本任务，也是我们对外交往过程中要维护的底线。主权、安全和发展利益三者之间是息息相关的：主权是国之为国的根本所在，而安全与发展都是稳固主权的重要基础和保障；反过来，维护好了安全与发展利益，又是一种对主权的彰显；安全和发展之间又是互为目的和条件的关系，没有安全，发展就无从谈起，没有发展，安全就没有物质保障。习近平指出，要维护好主权、安全和发展利益，就要树立总体国家安全观，其核心要义可以概括为五大要素和五对关系。五大要素就是要以人民安全为宗旨，以政治安全为根本，以经济安全为基础，以军事、科技、文化、社会安全为保障，以促进国际安全为依托。五对关系就是既重视发展问题，又重视安全问题；既重视外部安全，又重视内部安全；既重视国土安全，又重视国民安全；既重视传统安全，

---

① 在同外国专家代表座谈时的讲话（2012年12月5日），《人民日报》2012年12月6日；《更好统筹国内国际两个大局，夯实走和平发展道路的基础》（2013年1月28日）；在接受金砖国家媒体联合采访时的答问（2013年3月19日），《人民日报》2013年3月20日；《共同创造亚洲和世界的美好未来》（2013年4月7日）；在会见联合国秘书长潘基文时的讲话（2014年2月7日）；《中国梦是追求和平、追求幸福、奉献世界的梦》（2014年3月27日）；《在德国科尔伯基金会的演讲》（2014年3月28日）；《中国人民不接受"国强必霸"的逻辑》（2014年5月15日）；《欢迎大家搭乘中国发展的列车》（2014年8月22日）；《中国必须有自己特色的大国外交》（2014年11月28日）；在接受美国《华尔街日报》书面采访时的答问（2015年9月22日）；在会见联合国秘书长古特雷斯时的谈话（2018年4月8日）。

又重视非传统安全；既重视自身安全，又重视共同安全。

这就要求必须在中国共产党的领导下，对外交事务进行既全面又有重点的统筹布局。我们对主权、安全和发展利益的维护是以联合国宪章和国际关系基本准则为依据，在尊重历史事实的基础上，面对已有争议，始终主张通过和平谈判和协商的方式解决问题。而面对未知风险，则是要有如履薄冰的谨慎和居安思危的忧患意识，绝不能犯战略性、颠覆性错误。要能够做到"防患于未然"，也要能够做到化险为夷、转危为安，掌握风险控制的主动权。①

（4）四条实践路径

"新丝绸之路经济带"和"21世纪海上丝绸之路"的合作倡议是习近平主席分别于2013年9月在哈萨克斯坦纳扎尔巴耶夫大学和10月在印度尼西亚国会演讲时首次提出的。2015年3月28日，国家发展改革委、外交部、商务部联合发布了《推动共建丝绸之路经济带和21世纪海上丝绸之路的愿景与行动》。共建"一带一路"倡议的提出，一方面是基于深厚的历史渊源和人文基础，另一方面则是基于习近平对世界形势的观察和思考——即当今世界正处在大发展大变革大调整之中，新一轮科

---

① 《更好统筹国内国际两个大局，夯实走和平发展道路的基础》（2013年1月28日）；主持中共十八届中央政治局第八次集体学习时的讲话（2013年7月30日）；《中国如何发展？中国发展起来了将来是一个什么样的国家？》（2014年11月17日）；《中国始终将周边置于外交全局的首要位置》（2015年11月7日）；《在庆祝中国人民解放军建军九十周年大会上的讲话》（2017年8月1日）；在新进中央委员会的委员、候补委员和省部级主要领导干部学习贯彻习近平新时代中国特色社会主义思想和党的十九大精神研讨班上的讲话（2018年1月5日）；在十九届中央国家安全委员会第一次会议上的讲话（2018年4月17日）；《加强党中央对外事工作的集中统一领导，努力开创中国特色大国外交新局面》（2018年5月15日）；在省部级主要领导干部坚持底线思维着力防范化解重大风险专题研讨班开班式上的讲话（2019年1月21日）；《十四、坚决维护国家主权、安全、发展利益——关于新时代坚持总体国家安全观》，《习近平新时代中国特色社会主义思想学习纲要》，2019年6月9日；《贯彻总体国家安全观，构建大安全格局》（2020年12月11日）。

技革命带来新的发展机遇、各国利益深度融合的同时，影响全球经济持续增长的风险因素也在不断增多，如何进一步推进和平与发展成了问题的关键。在此背景下，习近平指出，我们必须"携手应对世界经济面临的挑战，开创发展新机遇，谋求发展新动力，拓展发展新空间，实现优势互补、互利共赢，不断朝着人类命运共同体方向迈进"[①]。而共建"一带一路"就是将推动构建人类命运共同体作为最高目标的重要实践平台，"一带一路"建设致力于通过践行一种新型合作模式来推动国际社会各成员共同发展。在原则上，中国秉持共商共建共享原则。在实践中，"一带一路"建设的核心内容是促进基础设施建设和互联互通，并通过对接各国发展规划、推动贸易和投资自由化便利化、以金融互利合作为重要保障等方式来实现。在治理方式上，坚持对话协商、共建共享、合作共赢、交流互鉴，同共建国家谋求合作的最大公约数，推动各国加强政治互信、经济互融、人文互通。在成果方面，在各方共同努力下，当前"六廊六路多国多港"的互联互通架构基本形成，一大批合作项目落地生根，首届高峰论坛的各项成果顺利落实，一百五十多个国家和国际组织同中国签署共建"一带一路"合作协议。"一带一路"建设正朝着和平、繁荣、开放、创新、文明、廉洁的方向不断前行。[②]

---

① 《高质量共建"一带一路"，为世界现代化 注入强大动力》，国务院新闻办公室网站，http://www.scio.gov.cn/gxzl/ydyl-26587/zxtj_26591/202404/t20240430_845735_m.html.

② 《共同建设"丝绸之路经济带"》（2013年9月7日）；《共同建设二十一世纪"海上丝绸之路"》（2013年10月3日）；《加快推进丝绸之路经济带和二十一世纪海上丝绸之路建设》（2014年11月4日）；《推进"一带一路"建设，努力拓展改革发展新空间》（2016年4月29日）；《共同推进中国—中亚—西亚经济走廊建设》（2016年6月22日）；《携手推进"一带一路"建设》（2017年5月14日）；《开辟合作新起点，谋求发展新动力》（2017年5月15日）；《加强党中央对外事工作的集中统一领导，努力开创中国特色大国外交新局面》（2018年5月15日）；在推进"一带一路"建设工作五周年座谈会上的讲话（2018年8月27日）；《齐心开创共建"一带一路"美好未来》（2019年4月26日）；《推动共建"一带一路"高质量发展不断取得新成效》（2021年11月19日）。

以构建人类命运共同体为目标，并以实现世界的和平与发展为最终目的，习近平提出要积极发展全球伙伴关系，这是一条"对话而不对抗，结伴而不结盟"的国与国交往新路。总结来看，发展全球伙伴关系有三个重要原则：一是坚持平等与民主，国家无论大小、强弱、贫富都要平等相待、相互尊重，不能以大欺小、以强凌弱，尤其要互不干涉内政；二是坚持正确的义利观，可以理解为国家间相处应该以理服人，而不是以强权制人；三是坚持合作共赢，即要找到更多利益的共同点和交汇点，扩大利益共享，减少分歧对抗，进而实现双赢、多赢。

习近平在多个场合系统梳理了几个主要的对外关系并分别系统全面地论述了中国的立场和相处原则：中美之间要构建新型大国关系，要摒弃冲突对抗的旧思维，双方应坚持相互尊重、通过对话协商聚同化异，保持战略耐心；中俄要构建全面战略协作伙伴关系和扩大全方位务实合作，要始终以互信为基石，筑牢彼此战略依托；中非从来都是命运共同体，中国秉持真实亲诚对非政策理念，同非洲国家共谋发展；中国始终将周边置于外交全局的首要位置，中国坚持与邻为善、以邻为伴，坚持奉行睦邻、安邻、富邻的周边外交政策，坚持践行亲诚惠容的周边外交理念；中欧是利益高度交融的命运共同体，中欧之间应该共同打造和平、增长、改革、文明四大伙伴关系；中阿要坚持"四个不动摇"；中拉要建立全面合作伙伴关系；中国与东盟发展战略伙伴关系，等等。

此外值得注意的一点是，习近平多次强调了对南南合作的重视，对新兴市场国家和发展中国家的重视，指出同广大发展中国家团结合作，是中国对外关系不可动摇的根基。广大发展中国家有共同的发展愿望，应当守望相助、携手同行。①

本书主要试图讨论"积极参与全球治理体系改革和建设"主要涉及全球治理体系为何要改革、如何改革，以及中国应该扮演什么角色，这三个问题。当前世界正处于百年未有之大变局之中，全球治理体系变革也正处在历史转折点上，其中革命性的变化则是新兴市场国家和发展中国家快速发展、国际影响力不断增强带来的国际力量对比的深刻变化。

2008 年国际金融危机爆发后，二十国集团的成立是一个标志性事件。习近平指出，当今世界发生的各种对抗和不公，不是因为联合国宪章宗旨和原则过时了，而恰恰是由于这些宗旨和原则未能得到有效履行，因而我们要坚定维护以联合国宪章宗旨和原则为核心的国际秩序和国际体系；中国积极倡导全球治理体系改革，弘扬共商共建共享的全球治理理念，不是为了另起炉灶，更不是为了针对谁，而是对现有国际机制的有益补充和完善，最终是为了实现合作共赢、共同发展。全球治理体系改革，除了要坚定维护联合国的体制机制，也需要提高诸如金砖国家、

---

① 《永远做可靠朋友和真诚伙伴》（2013 年 3 月 25 日）；《构建中美新型大国关系》（2013 年 6 月 7 日）；《坚持亲、诚、惠、容的周边外交理念》（2013 年 10 月 24 日）；在会见欧盟委员会主席巴罗佐时的谈话（2014 年 3 月 31 日）；《在布鲁日欧洲学院的演讲》（2014 年 4 月 1 日）；在会见出席中阿合作论坛第六届部长级会议的阿拉伯国家代表团团长时的谈话（2014 年 6 月 5 日）；《努力构建中美新型大国关系》（2014 年 7 月 9 日）；《努力构建携手共进的命运共同体》（2014 年 7 月 17 日）；在会见新加坡总统陈庆炎时的谈话（2014 年 8 月 16 日）；《共同谱写中拉全面合作伙伴关系新篇章》（2015 年 1 月 8 日）；《弘扬万隆精神，推进合作共赢》（2015 年 4 月 22 日）；在会见俄罗斯总统普京时的谈话（2015 年 9 月 3 日）；在会见出席第七轮中美工商领袖和前高管对话的美方代表时的谈话（2015 年 9 月 17 日）；《在华盛顿州当地政府和美国友好团体联合欢迎宴会上的演讲》（2015 年 9 月 22 日）；在南南合作圆桌会上的讲话（2015 年 9 月 26 日）；《携手构建合作共赢新伙伴，同心打造人类命运共同体》（2015 年 9 月 28 日）；《中国始终将周边置于外交全局的首要位置》（2015 年 11 月 7 日）；《共同构建人类命运共同体》（2017 年 1 月 18 日）；在欢迎金砖国家和新兴市场国家与发展中国家对话会受邀国领导人及配偶、嘉宾宴会上的致辞（2017 年 9 月 4 日）；《携手努力，并肩前行，开创新时代中俄关系的美好未来》（2019 年 6 月 5 日）。

上海合作组织、欧亚经济联盟等能代表新兴市场国家和发展中国家的合作机制的国际影响力。此外，还需要做到坚持主权平等、坚决维护国际法治权威、坚持推进国际关系民主化、坚持引导经济全球化，这样才能推动全球治理体制向着更加公正合理方向发展，也为各国创造更好的合作基础和发展条件。

党的十八大以来，中国积极参与全球治理体系改革和建设，提出"一带一路"倡议，发起成立亚洲基础设施投资银行等新型多边金融机构，促成国际货币基金组织完成份额和治理机制改革，积极参与制定海洋、极地、网络、外空、核安全、反腐败、气候变化等新兴领域治理规则，推动改革全球治理体系中不公正不合理的安排；此外，通过提出践行正确义利观，推动构建以合作共赢为核心的新型国际关系、打造人类命运共同体，打造遍布全球的伙伴关系网络，倡导共同、综合、合作、可持续的安全观等理念，中国也努力构建更好的国际交往与合作环境。总之，中国始终坚持维护和践行多边主义以完善全球治理，由此推动人类命运共同体的建设，也为实现"两个一百年"目标和伟大复兴中国梦创造有利的国际环境。①

与"外交风格""外交特色"等较为中性而内涵单一的词不同，也区

---

① 在接受金砖国家媒体联合采访时的答问（2013年3月19日）；在会见第六十七届联合国大会主席耶雷米奇时的谈话（2013年4月8日）；《打造金砖国家利益共同体》（2015年7月9日）；在接受美国《华尔街日报》书面采访时的答问（2015年9月22日）；《弘扬共商共建共享的全球治理理念》（2015年10月12日）；《中国发展新起点，全球增长新蓝图》（2016年9月3日）；《提高我国参与全球治理的能力》（2016年9月27日）；《共同构建人类命运共同体》（2017年1月18日）；《共同开创金砖合作第二个"金色十年"》（2017年9月3日）；《高举多边主义旗帜，为建设美好世界作出应有贡献》（2020年11月17日），习近平主席在金砖国家领导人第十二次会晤上讲话的一部分；《让多边主义的火炬照亮人类前行之路》（2021年1月25日），习近平主席在世界经济论坛"达沃斯议程"对话会上的特别致辞；《坚定信心，共克时艰，共建更加美好的世界》（2021年9月21日），习近平主席在第七十六届联合国大会一般性辩论上的讲话。

别于外交战略、政策、行动等代表具体行动内容的词，"外交风范"是一个国家在对外交往过程中形成的独特的精神气质和风格特点，展现了一国的国家形象、价值观念和精神风貌，是国家软实力的重要组成部分。①习近平指出，要坚持以对外工作优良传统和时代特征相结合为方向塑造中国外交独特风范，那么，弄清楚"新中国对外工作优良传统是什么"和"如何结合当今时代特征"成了关键。习近平曾多次在不同场合提及新中国对外工作对国际关系发展的贡献，包括独立自主的和平外交政策、和平共处五项原则等被国际社会广泛采纳的重要原则，也包括中国对发展中国家（尤其是非洲国家）的不懈支持与深厚友谊、尊重不同国家的文化多样性并求同存异的立场，等等。

在继承这些新中国对外工作优良传统的基础上，党的十八大以来，党中央又进一步统筹国内国际两个大局，结合新形势新任务主动谋划，强调建立以合作共赢为核心的新型国际关系，提出和贯彻正确义利观，倡导共同、综合、合作、可持续的安全观，推动构建新型大国关系，提出和践行亲诚惠容的周边外交理念、真实亲诚的对非工作方针，并通过推动"一带一路"建设来践行这一系列外交理念和方针。中国对外工作的传统与发展所反映出来的"精神气质"，实际上可以用中国传统文化中的"天下大同"思想来予以概括。这是一种对世界秩序的美好想象，也是对人类命运共同体的美好想象，这也是中国外交工作所想要传递给世界的一种以和平与发展为目的、更适用于多边主义世界的理想追求，反

---

① 习近平外交思想研究中心秘书处：《塑造中国外交独特风范：内涵与实践路径》，《国际问题研究》2021年第6期。

映了中国不以自我为中心、崇尚合作共赢的世界观。①

2.习近平主席提出的系列"金砖主张"

截至2022年底，习近平主席共参加了十次金砖国家领导人会晤，以"厦门会晤"为转折点，其金砖主张大致可以分为"经济、政治双轨并进"阶段（2013—2016年）和"经济、政治、人文三轮驱动"阶段（2017—2022年）两个阶段。而如何构建金砖国家伙伴关系，则是这十年一以贯之的重要议题，其中也以2017年为转折点，增加了"金砖+"模式，以扩大金砖国家的"朋友圈"。中方的倡议与实践，最终目的是构建人类命运共同体。此外，这十年里有一些方面的内容虽然在不断丰富，但核心理念从来没有变过：在政治方面，习近平一直在强调和平与民主的重要性，致力于构建更加公平、正义、平等的国际秩序；在经济方面，习近平一直强调开放与合作是促进共同发展的必要条件，对抗的是国际社会中保护主义、霸权主义愈演愈烈的问题。

3.中国提出的"金砖主张"对中国特色大国外交理论的呈现与发展

前文已经系统梳理了习近平外交思想指引下的金砖合作研究的核心内容和其历年金砖主张的核心内容，在此对相应内容进行对照，整理出习近平历年金砖主张，包含哪些中国特色大国外交理论的思想内容。

在习近平主席参与金砖会晤的十年里，他曾多次提到中国的目标是实现中华民族伟大复兴，多次倡议要致力于构建人类命运共同体，多次

---

① 《坚持和运用好毛泽东思想活的灵魂》（2013年12月26日）；《弘扬和平共处五项原则，建设合作共赢美好世界》（2014年6月28日）；《在庆祝中华人民共和国成立六十五周年招待会上的讲话》（2014年9月30日）；《中国必须有自己特色的大国外交》（2014年11月28日）；《弘扬万隆精神，推进合作共赢》（2015年4月22日）；《二〇一七年新年贺词》（2016年12月31日）；《深化务实合作，共谋和平发展》（2017年1月13日）；《在上海合作组织青岛峰会欢迎宴会上的祝酒辞》（2018年6月9日）；在会见"元老会"代表团时的谈话（2019年4月1日）；《开放合作，命运与共》（2019年11月5日）。

强调我们要维护国家主权、安全和发展利益，也多次提到"一带一路"是中国提供的一个重要的合作发展平台。然而，其外交思想中有三点内容，是在其金砖主张中得到全面展现并不断丰富的，即"走和平发展道路""打造全球伙伴关系"和"引领全球治理体系改革"三点。

关于走和平发展道路，中国走和平发展道路是以"相互尊重、合作共赢"为基础的。从2013年习近平第一次参加金砖会晤开始，就将"和平与合作"问题放在首要位置来进行论述，指出发展需要和平的外部环境才能实现，中国将继续奉行独立自主的和平外交政策；2014年，习近平则提出金砖国家要一同做"国际和平之盾"；2015年提出要构建维护世界和平的伙伴关系，指出金砖国家应该倡导共同、综合、合作、可持续的安全观，以共同应对层出不穷的非传统安全问题，倡导通过对话和谈判，以和平和政治方式解决分歧；2017年，明确指出维护世界和平是金砖国家的责任，金砖国家要发挥建设性作用；从2019年开始，习近平将维护世界和平作为践行多边主义的重要内容予以强调，并提出构建人类命运共同体，根本上就是去构建一个持久和平、共同发展的世界。而中国将"走和平发展道路"当作一个重要原则和保证，并通过"金砖+"合作平台，不断发起和平倡议，表明了自己维护世界和平与发展的坚定决心。

关于打造全球伙伴关系，习近平在阐述其外交思想时指出，发展全球伙伴关系，是一条"对话而不对抗，结伴而不结盟"的国与国交往新路，有三个重要原则，即坚持平等与民主，坚持正确的义利观，坚持合作共赢。这些思想在其历年金砖主张中都得到了充分体现。2013年金砖会晤的主题是"金砖国家与非洲：致力于发展、一体化和工业化的伙伴关系"，因而习近平也聚焦于经济层面，阐述了如何建设"全球发展伙伴关系"。2014年，习近平明确提出未来新的合作蓝图是发展金砖国家更紧密、更全面、更牢固的伙伴关系，并总结出金砖国家独特的合作伙伴精神是开放、包容、合作、共赢的精神。到2015年，习近平主席发表主旨讲话——《共建伙伴关系 共创美好未来》，此时"伙伴关系"已不仅涉及经济方面的内容，更是拓展到维护世界和平、多元文明、全球治理等方面；而当年的主席国俄罗斯也将"金砖国家伙伴关系"作为会晤主题，可见发展"伙伴关系"这一理念已经深入人心。而到2017年中国作为主席国举办金砖会晤的时候，也将主题定为"深化金砖伙伴关系，开辟更加光明未来"，习近平主席还指出，尽管金砖各国国情不同，但由于共同追求伙伴关系、繁荣发展，使得各国能够超越差异和分歧，努力实现互利共赢。而为了构建更为广泛的伙伴关系，习近平主席更是在此次会晤期间推动了"金砖+"合作模式，大大拓展了金砖国家的"朋友圈"和影响力。到2018年，基于当时大会的主题，习近平主席提出要共同建设金砖国家新工业革命伙伴关系，以加强宏观经济政策协调，促进创新和工业化合作，联手加快经济新旧动能转换和转型升级。2019年时，习近平主席重申，金砖国家新工业革命伙伴关系是下阶段金砖经济合作的一个重要抓手。

2020年，作为主席国的俄罗斯将会晤主题定为"深化金砖伙伴关系，促进全球稳定、共同安全和创新增长"，又一次肯定了构建"金砖伙伴关系"的重要性。而在此次会晤中，习近平主席宣布将在福建省厦门市建立金砖创新基地，真正将"构建金砖国家新工业革命伙伴关系"这一倡议落地并建立常态化合作机制。到2022年中国再一次成为金砖会晤主席国时，习近平主席进一步提出要携手构建更加"全面、紧密、务实、包容的高质量伙伴关系"。可以看到，"伙伴关系"的内涵是在不断丰富和发展的，这一理念在得到金砖各国认可的同时，也在各个层面得到了积极落地。

关于全球治理体系改革，习近平曾明确指出其目的是推动变革全球治理体制中不公正不合理的安排，推动各国在国际经济合作中权利平等、机会平等、规则平等，尤其是要在各类国际组织中增加新兴市场国家和发展中国家的代表性和发言权。在2013年的金砖会晤中，习近平主席提出，无论全球治理体系如何变革，金砖国家都应该积极参与，发挥建设性作用，推动国际秩序朝着更加公正合理的方向发展。到2014、2015年时，习近平主席明确指出，全球经济治理应当增加发展中国家代表性和发言权，确保各国在经济合作中机会平等、规则平等、权利平等。2016年，习近平主席再次强调，公平正义的全球治理是实现各国共同发展的必要条件。2017年，则进一步完整地提出，金砖五国要更加积极地参与全球治理，应该坚定奉行多边主义和国际关系基本准则，推动构建新型国际关系，为各国发展创造和平稳定环境；要推动开放、包容、普惠、平衡、共赢的经济全球化，建设开放型世界经济，支持多边贸易体制，反对保护主义；要推进全球经济治理改革，提高新兴市场国家和发展中国家代表性和发言权，为解决南北发展失衡、促进世界经济增长提供新动力，并且完善深海、极地、外空、网络等新疆域的治理规则，确保各国权利共享、责任共担。从2018年开始，其明确将坚持多边主义作为完善全球治理的核心。2019年时，提出金砖国家应该发挥负责任大国作用，积极倡导共商共建共享的全球治理观，推动全球经济治理体系变革。到2022年，则新提出要推动完善全球科技治理，让科技成果为更多人所及所享的理念，其中金砖创新基地建设是重要的实践内容。

二、"厦门会晤"

这一部分主要分析"厦门会晤"在历年金砖会晤中的特殊性和意义，并分析"厦门会晤"中习近平主席所传达的思想主张及其在《厦门宣言》成果中得到了如何体现。

1. "厦门会晤"的理念、成果及其在历年金砖会晤中的历史意义①

"厦门会晤"是金砖国家领导人的第九次会晤，也是金砖国家团结合作的第二个"金色十年"的开端，是总结与展望交汇的一次会晤，具有重要历史意义。《金砖国家领导人厦门宣言》作为"厦门会晤"的重要共识性文件，既回顾了金砖合作10年历程，又详细规划了各领域务实合作新蓝图，从金砖经济务实合作、全球经济治理、国际和平与安全以及人文交流合作等方面形成了71项共识。从《厦门宣言》中可以看到，金砖国家重申过去十年是基于追求和平、安全、发展和合作的共同目标和愿望使得五国走到了一起，金砖国家将发展问题作为核心，将多边主义作为原则，致力于共同推动建立更加公正、平等、公平、民主和有代表性的国际政治、经济秩序。金砖国家合作机制是在尊重各自发展道路与彼此利益的基础上，不断寻求合作共赢的过程中慢慢构建起来的。在此过程中，培育出互尊互谅、平等相待、团结互助、开放包容、互惠互利的金砖精神。

上述内容总结了金砖国家合作机制发展至今依靠的共同目标与原则，也是第一次对金砖精神进行了明确总结，是对"金砖十年"的理念成果的重要阐述。除了理念层面的历史成果之外，本书将比较分析历年金砖会晤的实质性成果，进而展现"厦门会晤"在金砖国家合作机制发展过程中的历史转折意义。

首先，厦门会晤提出了"金砖+"合作模式，这不仅丰富了"金砖伙伴关系"的内涵，也大大扩大了金砖国家合作机制的国际影响力。从厦门会晤的主题——"深化金砖伙伴关系，开辟更加光明未来"可以看出，

---

① 本部分主要参考了历年金砖国家领导人会晤成果文件，详见外交部官网，http://brics2022.mfa.gov.cn/chn/hywj/ldrhwcgwj/。

金砖国家对未来的合作展望，是以进一步深化金砖伙伴关系为主要抓手的。在此之前，2012年的新德里会晤、2013年的德班会晤及2015年的乌法会晤也以"伙伴关系"的构建作为主题。在2012年的《德里宣言》中，其所要发展的"伙伴关系"是"以开放、团结、互谅互信为基础、加强金砖国家共同发展的伙伴关系"；宣言还指出，为了能解决发展问题，世界银行应当在南北关系上放弃使用过时的"捐助国—受援国"分类，而是转变为加强同所有国家的平等伙伴关系。总的来看，这里的"伙伴关系"是指一种基于多边主义原则、不同国家间能够平等对话、寻求共同发展的关系。2013年的《德班宣言》则提出要建立"致力于发展、一体化和工业化的伙伴关系"，这一次将一体化与工业化当作构建伙伴关系、实现共同发展的重要抓手。在2015年的《乌法宣言》中则"强调加强金砖国家团结与合作的必要性，并决定在开放、团结、平等、相互理解、包容、合作、共赢基础上，增强金砖国家战略伙伴关系"，将金砖国家的伙伴关系升级到了战略高度，同时比《德里宣言》时的表述增加了"包容、合作、共赢"这三个内涵，还将这种伙伴关系的建设在政治、经济和社会领域进行了进一步的拓展化、务实化，包括制定并通过了《金砖国家经济伙伴战略》这一指导性文件。

在"厦门会晤"之前，金砖国家伙伴关系的建构主要是在金砖五国之间不断加深各个领域的合作关系；而"厦门会晤"之后，通过创造性地提出"金砖+"合作机制，金砖国家开始致力于同其他新兴市场国家和发展中国家建立广泛的伙伴关系。可以说，在"厦门会晤"之前，金砖国家通过自身实践证明了在不同国情的国家之间建立开放、团结、平等、相互理解、包容、合作、共赢的伙伴关系的可能性；从"厦门会晤"开始，则进入了金砖伙伴关系的推广模式。虽然从德班会晤开始，金砖国家就有了与外部进行局部性对话的做法，但"金砖+"合作的不同之处在于，它将这种对话变得更加开放、机制化、务实化，让更多新兴经济体和发展中国家参与到金砖合作中来，平等共商经济发展与全球治理的大计。"金砖+"合作机制成为新兴经济体和发展中国家实现团结合作、走向共赢的重要平台，这也大大提升了金砖国家合作机制的国际影响力，实际上也提升了新兴经济体和发展中国家在国际社会的力量。

其次，在金砖合作内容上，实现了从政治与经济"二轮驱动"到政治安全、经贸财金、人文交流"三轮驱动"的转变。金砖国家领导人第一次会晤时，仅就一系列全球治理问题达成共识并发表了共同立场。到第二次会晤时，则形成了十几项合作倡议与行动计划，初步形成了金砖国家合作机制。而到三亚会晤（第三次会晤）时，则形成了诸如《金砖国家银行合作机制金融合作框架协议》等实质性合作成果。但此时，金砖合作还只是集中在经济和政治领域。到2012年新德里会晤时，开始提出倡议要鼓励金砖国家在青年、教育、文化、旅游和体育领域拓宽沟通渠道和人员交流，但并未有明确的行动计划。到2014年福塔莱萨会晤时，则开始明确要求有关部门探讨文化领域的务实合作，包括加快有关文化合作协议草案磋商，但仍未有实质性成果。直到2015年乌法会晤时，金砖国家签署了政府间文化合作协议，为扩大和深化文化艺术合作、促进文化对话提供了明确政策指导。而到2016年果阿会晤时，则举办了首届金砖国家电影节和首届金砖国家十七岁以下少年足球赛，在文化体育交流方面有了真正的成果。但即便如此，人文交流方面的合作依然在金砖国家合作机制中处于边缘位置。直到2017年厦门会晤开始，此后历年金砖领导人会晤发布的《宣言》文件中，"人文交流"部分有了独立的板块，每年都能增加十余项合作内容。因而也是从厦门会晤开始，金砖国家合作机制正式转变为政治安全、经贸财金、人文交流"三轮驱动"模式。

最后，在经济发展方面，厦门会晤首次提出要抓住新工业革命机遇，加速金砖国家工业化进程，这为金砖国家在未来经济合作方面指出了新的方向，即在原先的扩大经济层面互联互通的基础上，进一步寻找新的经济增长点。在厦门会晤之前，新工业革命从未在金砖合作中被讨论；而从厦门会晤开始，对新工业革命的讨论在此后历年的金砖会晤《宣言》文件中都有体现。厦门会晤的次年，即2018年约翰内斯堡会晤时，就直接以"金砖国家在非洲：在第四次工业革命中共谋包容增长和共同繁荣"为主题，探讨如何最大程度把握第四次工业革命带来的机遇，并确定要建立金砖国家新工业革命伙伴关系。2019年巴西利亚会晤时，依然强调新工业革命是至关重要的发展机遇，并且通过了新工业革命伙伴关系工作计划和新工业革命伙伴关系咨询组工作职责，计划建立金砖国家工业园和科技园、创新中心、技术企业孵化器和企业网络六个互利合作项目。2020年莫斯科会晤时，中国提出了建立金砖创新基地的倡议。到2021年的新德里会晤，印度也提出金砖国家新工业革命伙伴关系创业活动的倡议，新工业革命伙伴关系已成为除新开发银行（New Development Bank，NDB）、应急储备安排（Contingent Reserve Arrangement，CRA）、能源研究平台和科技创新合作框架等之外又一成功的合作机制。在2022年北京会晤时，包括金砖创新基地在内的很多新工业革命伙伴关系框架下的项目和机制已经落地并常态化运转，此外还发布了《金砖国家制造业数字化转型合作倡议》。可以看到，从厦门会晤开始，构建新工业革命伙伴关系成为金砖国家强化经济合作的新着力点。

2. "厦门会晤"中习近平主席的思想主张及其成果体现

习近平主席在厦门会晤期间共发表了两次讲话，分别是在金砖国家工商论坛开幕式上发表的题为《共同开创金砖合作第二个"金色十年"》的讲话，以及在领导人会晤时发表的题为《深化金砖伙伴关系 开辟更加光明未来》的主旨讲话。在本章第一部分中的第二节内容里，已对这两次讲话的主要内容进行了概括梳理。在此，本书将对这两篇讲话稿的内容进行比较分析，然后对照《金砖国家领导人第九次会晤厦门宣言》（以下简称"《厦门宣言》"）的内容，梳理厦门会晤中习近平的思想主张如何体现在《厦门宣言》的成果之中。

习近平主席在金砖国家工商论坛开幕式上的讲话，内容更为丰富和全面，从金砖国家合作机制产生的时代背景谈起，简要阐述了金砖合作十年所取得的成就，并基于金砖十年的经验总结了三条启示，然后从深化经济合作、维护世界和平、完善全球经济治理、构建广泛伙伴关系四个方面来展望下一个"金砖十年"的合作方向，最后阐述了中国的发展理念与规划。而他在金砖会晤上的主旨发言则相对简约，先是分析了金砖国家能够超越差异和分歧、实现互利共赢的原因，然后重点从四个方面来阐述未来十年如何全面深化金砖国家伙伴关系，这四个方面分别是推进经济务实合作、加强发展战略对接、推动国际秩序朝更加公正合理方向发展、促进人文民间交流。两个演讲都对下一个"金砖十年"进行了展望，区别在于：一是在阐述方式上，前者更注重方向性阐述，后者则更注重事务性阐述；二是在讨论范围上，前者更多在讨论金砖国家与世界的关系（在国际治理体系中的角色和作用），而后者则更多讨论金砖国家之间的合作关系；三是在具体内容上，两者都讨论了经济合作问题和国际治理体系改革问题，但在构建伙伴关系上有所区别，前者提出了"金砖+"合作模式来构建广泛伙伴关系，而后者提出了要通过注重人文民间交流来加深金砖国家之间的伙伴关系。

厦门会晤的成果集中体现在了《厦门宣言》中。其"序言"中回顾了"金砖十年"的合作经验与成果，指出金砖国家是基于追求和平、安全、发展和合作的共同目标而走在了一起，坚持发展事业，秉持多边主义，共同推动建立更加公正、平等、公平、民主和有代表性的国际政治、经济秩序,已经培育出互尊互谅、平等相待、团结互助、开放包容、互惠互利的金砖精神。十年来的主要成果包括成立新开发银行和应急储备安排,制定《金砖国家经济伙伴战略》,通过安全事务高级代表会议、外长会晤等加强政治安全合作,深化五国人民的传统友谊等。除"序言"外,《厦门宣言》就"金砖经济务实合作""全球经济治理""国际和平与安全""加强人文交流合作"等方面发布了合作计划与共同立场(共71项),并创造性地提出了"金砖+"合作模式。此外,本次峰会还发布了厦门行动计划,其中包括:一是厦门会晤前的各类会议,即部长级以上会议(共23项)、高官会/工作组会/专家会(共37项)、人文交流活动及其他会议(共18项);二是中国担任金砖国家主席国期间还将举行一系列金砖合作相关会议和活动(共16项);三是可探讨的新合作倡议,即海洋合作、设立公共部门与私营企业合作模式(PPP项目)准备基金、设立金砖国家能源研究平台、金砖国家遥感卫星星座倡议、建立金砖国家海关培训中心(厦门)、建立金砖国家文化理事会、建立金砖国家省州理事会、旅游合作、设立区域航空工作组。其余成果包括:提出"金砖+"合作模式并举行第一次"金砖+"对话会;建立自愿参与的金砖国家示范电子口岸网络和电子商务工作组;签署了《金砖国家经贸合作行动纲领》《金砖国家投资便利化合作纲要》《金砖国家海关合作战略框架》《金砖国家服务贸易合作路线图》《落实〈金砖国家政府间文化合作协定〉行动计划(2017—2021)》等政策文件;通过了《金砖国家创新合作行动计划(2017—2020)》《金砖国家技能脱贫减贫行动计划》《金砖国家网络安全务实合作路线图》等文件;建立金砖国家农业研究平台协调中心;建立应急储备安排宏观经济信息交换机制,在南非设立新开发银行第一个区域办公室——非洲区域中心;在厦门举行金砖国家文化节;举办首届金砖国家运动会等。

习近平主席在厦门会晤期间发表的"金砖主张"在《厦门宣言》中也得到了很好的体现。首先是关于互尊互谅、平等相待、团结互助、开放包容、互惠互利的金砖精神。这实际上与习近平主席对"金砖十年"的经验总结得出的三条启示：一是平等相待、求同存异，二是务实创新、合作共赢，三是胸怀天下、立己达人，所表达的主要思想是一致的。即各国在平等的基础上相互尊重各自国情与发展道路，努力求同存异，扩大共同利益并团结合作，进而实现共同发展，并为世界的和平与发展做出贡献。其次是关于金砖国家合作机制形成政治安全、经贸财金、人文交流"三轮驱动"的合作框架，习近平主席的主旨讲话中倡议，金砖合作不仅要继续加强经济与国际秩序变革方面的合作努力，促进人文民间交流对于全面深化伙伴关系也具有重要意义，是一项值得长期投入的工作，有助于金砖合作永葆活力。再次是关于"金砖+"模式的提出及新兴市场国家与发展中国家对话会的举办。这一倡议也是习近平主席在金砖国家工商论坛开幕式的演讲中首次提出并写入《厦门宣言》之中的，对于扩大金砖合作的"朋友圈"和影响力具有重要意义。最后是关于对新工业革命机遇的把握，习近平主席在金砖国家工商论坛开幕式的演讲中提到深化金砖经济合作时指出，世界经济结构正经历深刻调整，金砖国家经济传统优势正面临挑战，需要通过积极投身智能制造、互联网+、数字经济、共享经济等新工业革命机遇带来的创新发展浪潮来加快新旧动能转换。总的来看，习近平主席的很多倡议使得金砖国家合作机制取得了有突破性意义的发展。

3. "厦门会晤"中习近平外交思想的体现与发展

"实现中华民族伟大复兴"这一点，于2012年11月29日习近平在参观《复兴之路》展览时首次提出。"构建人类命运共同体"这一点，于2012年党的十八大时被首次明确提出。"加强党对对外工作的集中统一领导"这一点，于2014年11月在中央外事工作会议上发表《中国必须有自己特色的大国外交》的讲话时被强调指出，并于2018年5月在中央外事工作委员会第一次会议上被系统论述。"坚持增强战略自信"这一点则从2013年发表的《关于坚持和发展中国特色社会主义的几个问题》这一文章中的"道路自信、理论自信、制度自信"这三个自信，发展为2016年7月《在庆祝中国共产党成立九十五周年大会上的讲话》中的"道路自信、理论自信、制度自信、文化自信"这四个自信。"坚决维护国家主权、安全、发展利益"，这一点则是2013年1月习近平总书记在主持十八届中央政治局第三次集体学习时，在探讨如何"坚持走和平发展道路"时被特别强调指出。"坚持走和平发展道路"这一点在2012年12月习近平总书记同外国专家代表座谈时提出，并于2013年2月在其主持十八届中央政治局第三次集体学习时首次被系统论述。"推动'一带一路'建设"是2013年9月和10月，习近平主席在出访中亚和东南亚国家期间，提出的重大倡议。"积极发展全球伙伴关系"是习近平主席于2015年9月在联合国总部出席第七十届联合国大会一般性辩论并发表《携手构建合作共赢新伙伴 同心打造人类命运共同体》的讲话中提出的，然而在此之前，其在不同场合发表的关于中俄关系、中非关系、周边关系、中美关系、中欧关系、金砖国家关系等的论述中，已体现了相关思想内容。关于"积极参与全球治理体系改革和建设"，习近平所倡议的一个全球治理体系改革的核心要点之一，即"增加新兴市场国家和发展中国家的代表性和发言权"，在2013年3月接受金砖国家媒体联合采访时已明确提出，①

---

① 在此需要指出的是，对"提高新兴市场国家和发展中国家在国际治理体系中发言权和代表性"的呼吁，以及对多边主义原则的倡导和维护，是金砖国家合作机制成立的重要初衷之一。习近平将此纳入了对"全球治理体系变革"的思考之中，并进行了思想内容上的丰富与发展。

而在2016年9月中共中央政治局就二十国集团领导人峰会和全球治理体系变革进行的第三十五次集体学习时，习近平总书记又对"推动全球治理体系变革"这一政策进行了系统论述。"塑造中国外交独特风范"这一点，是在2014年11月的中央外事工作会议上发表题为《中国必须有自己特色的大国外交》时提到的，中国对外工作得在总结实践经验并丰富和发展对外工作理念的基础上，形成"鲜明的中国特色、中国风格、中国气派"。①

本书通过梳理2017年厦门会晤期间习近平主席两次公开演讲的内容，结合其外交思想的理论框架，认为其厦门会晤期间的"金砖主张"主要传达了其外交思想的以下七个方面：一是两篇讲话都提到了金砖合作得以成功的一个原因之一是五国彼此尊重基于各自国情建立的发展道路和模式，这实际上体现了"坚持增强战略自信"的思想内容，只有坚定道路自信，才能做到独立自主，才能真正实现国家间平等、民主、共赢的合作。二是两篇讲话都提到要积极参与全球治理，要推动国际秩序朝着更加公正合理方向发展，要为国际和平与发展问题共同发声，推动构建新型国际关系，推动经济全球化，提升新兴市场国家和发展中国家的发言权和影响力，这些都体现"积极参与全球治理体系改革和建设"的核心思想。三是两篇讲话都提到要构建以合作共赢为核心的新型国际关系，这是"构建人类命运共同体"的重要内容之一。四是在金砖国家工商论坛上的讲话提到五国从发起之初以"对话而不对抗，结伴而不结盟"为准则，并且提出"金砖+"合作模式，这实际上反映了"积极发展

---

① 中共中央党史和文献研究院编：《习近平关于中国特色大国外交论述摘编》，北京：中央文献出版社，2020年；《习近平谈治国理政》，外文出版社，2014年；《习近平谈治国理政》（第二卷），北京：外文出版社，2017年；《习近平谈治国理政》（第三卷），北京：外文出版社，2020年。

全球伙伴关系"的核心思想，而主旨讲话的核心内容也是关于如何全面深化金砖伙伴关系以开启金砖合作第二个"金色十年"。五是在金砖国家工商论坛上的讲话中提到要倡导共同、综合、合作、可持续的安全观，通过提出创新安全理念，加强安全领域的国际合作，实际上也是在为"维护国家主权、安全、发展利益"创造良好国际环境和有利外部条件。六是在金砖国家工商论坛上的讲话中，习近平主席指出金砖国家是世界和平的维护者、国际安全秩序的建设者，并特别强调中国将坚定不移走和平发展道路。七是在主旨演讲中，习近平主席指出金砖国家在发展问题上应本着共商、共建、共享原则，寻求贸易投资、货币金融、基础设施建设等方面的互联互通，此外也要促进人文民间交流，而这些也是"一带一路"倡议里的重要内容。可以认为，通过金砖国家这一平台，习近平主席充分而系统地传达了其核心外交思想理念。

三、厦门地方实践

1. 厦门对"厦门会晤"红利的开发利用

2017年金砖国家领导人厦门会晤顺利举办，无疑给厦门发展带来了新的机遇，厦门市政府也对"会议红利"进行了有效挖掘。从2017年至2023年的《厦门市政府工作报告》①（以下简称市政府工作报告）中可以看到，厦门市政府对厦门会晤红利的开发利用过程。在2017年的市政府工作报告中可以看到，当时厦门市政府主要致力于做好金砖厦门会晤的保障和服务工作，除了要做好景观环境建设和城市文明建设外，最主要的工作就是提升厦门的国际化水平，其中又以提升旅游与会展的基础

---

① 厦门市政府历年政府工作报告，详见厦门市人民政府门户网站，https://www.xm.gov.cn/szf/szfgzbg/。

设施与服务能力的国际化水平为重点工作。在2018年的市政府工作报告中则提到，要加大对金砖国家的招商力度，显然是为了依托"后金砖"效应，加强与金砖国家投资贸易的合作。然而在2019年的市政府工作报告中，并未提到与金砖相关的内容。2020年的市政府工作报告则是在"打造海丝战略支点城市"中，简要提到要与共建"一带一路"国家和金砖国家扩大合作。然而这一年却发生了一件具有转折性意义的事件，即在2020年11月17日，习近平主席在金砖国家领导人第十二次会晤的视频会议中发表讲话，提出将在福建省厦门市建立金砖创新基地。此后，厦门市政府正式启动了金砖创新基地建设，并将该项目纳入该市"十四五"主要战略任务和二〇三五年远景目标，形成建成国际航运中心、国际贸易中心、国际旅游会展中心、区域创新中心、区域金融中心和金砖创新基地等"五中心一基地"的发展规划。此外，2021年市政府工作报告还提到"高标准建设金砖创新基地"的大致行动目标和计划。到2022年，市政府工作报告中已经能看到金砖创新基地建设的实质性成果，并且报告还指出将在政策协调、人才培养、项目开发等方面进一步加强金砖创新基地建设。可以看到，此时金砖创新基地的运作机制已经较为成熟。在2023年市政府工作报告中可以看到，金砖创新基地的建设成效更加显著。总的来说，厦门会晤之后，金砖创新基地的建设成为一个新的重要机遇。

虽然金砖创新基地到2020年12月才正式启动建设，但在2017年厦门会晤时，就已埋下种子。2017年9月，习近平主席在金砖国家工商论坛开幕式上的讲话中指出，要"共同把握新工业革命带来的历史机遇，积极探索务实合作新领域新方式"。到2018年，习近平主席在金砖会晤主旨讲话中直接倡议"建设新工业革命伙伴关系"，以加速新旧动能转换和经济结构转型升级。2019年金砖会晤时，习近平主席明确指出，金砖国家新工业革命伙伴关系是下阶段金砖经济合作的一个重要抓手，应该在贸易和投资、数字经济、互联互通等领域不断打造合作成果。2020年，习近平主席在主旨讲话中首次宣布，将在福建省厦门市建立金砖创新基地，开展政策协调、人才培养、项目开发等领域合作。由此，金砖创新基地建设的根本目标、合作领域与合作框架基本形成。自2020年12月8日正式启动金砖创新基地建设后，在相关国家部委的指导和统筹部署下，福建省和厦门市立足"国家所需、厦门所能、金砖国家所愿"，聚焦政策协调、人才培养和项目开发等重点领域，全力推进金砖创新基地建设。金砖创新基地建设所遵循的基本原则是：开放包容，互利共赢；统筹协同，优势互补；多元适用，精准培养；创新合作，共同发展。其功能定位是，将金砖创新基地打造为新工业革命领域合作平台，将厦门市打造为高水平开放型经济示范区，将厦门市打造为金砖国家新工业革命示范城市。其重点任务包括：加强金砖国家新工业革命领域政策协调合作，促进金砖国家新工业革命领域人才培养合作，推动金砖国家新工业革命领域项目开发合作。①自此，厦门作为"金砖城市"，在对外交往与经济发展方面，形成了更为清晰的角色定位，实现了对"后金砖"效应更为充分的开发和利用。

2.金砖创新基地建设对金砖合作的体现

金砖创新基地建设是金砖合作在厦门的具体实践，结合对习近平外交思想指引下的金砖合作理论体系的深入理解，金砖创新基地建设对金砖合作研究重要内容的体现包括以下四个方面。

第一，金砖创新基地建设实现了共建"一带一路"合作倡议与金砖国

① 黄茂兴编：《金砖国家新工业革命伙伴关系创新基地发展报告（2021）》（缩略版），第9—12页，来源：http://bricspic.org/Pages/Home/NewsDetail.aspx?rowId=563。

家合作机制的有机结合。根据"一带一路"倡议，福建被定位为"21世纪海上丝绸之路核心区"，而厦门是"海丝"与"路丝"无缝衔接的重要节点，正加强互联互通、经贸合作、海洋合作、人文交流等重点领域合作，努力打造21世纪海上丝绸之路战略支点城市。而通过厦门会晤的成功举办与金砖创新基地的建设，厦门又明确了自己"金砖城市"的发展定位。"一带一路"倡议是习近平外交思想中的重要内容，而发展金砖国家新工业革命伙伴关系则是其重要的"金砖主张"，值得注意的是，这两个发展战略的提出背景中，都提到了要把握新一轮科技革命（即新工业革命）带来的发展机遇。因此可以说，虽然"海上丝绸之路"的战略支点城市建设与金砖创新基地建设的实践路径不同，但是在战略目标和实践主体上实现了统一。两个发展战略在实践上的衔接是一个值得探索的问题。

第二，金砖创新基地是加深与金砖国家伙伴关系的重要实践平台。金砖创新基地建设是金砖国家新工业革命伙伴关系的重点合作项目之一，也是中国依托金砖国家合作机制，将"积极发展全球伙伴关系"这一外交战略走实的重要抓手。习近平主席提出，发展全球伙伴关系有三个重要原则：一是坚持平等与民主，二是坚持正确的义利观，三是坚持合作共赢。前两点是对交往方式的基本要求，而第三点则对交往的实际成果提出要求。建立常态化的合作机制并产生对各方都有利的成果，是伙伴关系得以长久维护的重要条件。金砖创新基地的建设有利于实现并长久维护金砖国家新工业革命伙伴关系。

第三，金砖创新基地建设是间接促进全球治理体系改革的重要抓手。全球治理体系需要变革的根本原因在于，当前世界新兴市场国家和发展中国家快速发展、国际影响力不断增强带来了国际力量对比的深刻变化，而当前国际治理体系的安排已不能反映这种国际力量对比的深刻变化，因而急需在各类国际组织中增加新兴市场国家和发展中国家的代表性和发言权。然而习近平总书记在提出构建金砖国家新工业革命伙伴关系的时候也指出，随着金砖各国经济不断发展，资源要素配置、产业结构等问题日渐突出。同时，世界经济结构经历深刻调整，国际市场需求萎缩，金融风险积聚。金砖国家经济传统优势在发生变化，要跨越这一阶段，必须把握新工业革命机遇，以创新促增长、促转型。总的来说，新兴市场国家和发展中国家的快速发展和国际影响力的不断提升，是促使国际治理体系朝着更加公正合理方向变革的重要基础；而通过构建新工业革命伙伴关系来把握新工业革命机遇，是进一步维护金砖国家发展优势的重要举措，进而也就会影响到全球治理体系改革的动力。

第四，金砖创新基地建设丰富了构建人类命运共同体的实践。习近平曾指出："人类命运共同体，顾名思义，就是每个民族、每个国家的前途命运都紧紧联系在一起，应该风雨同舟，荣辱与共……"①面对世界经济的复杂形势和全球性问题，任何国家都不可能独善其身，因而各国应当同舟共济。倡导构建人类命运共同体，是为了实现以合作共赢为核心的新型国际关系。而金砖创新基地的建设，符合人类命运共同体的理念。正如前文已经指出的，构建金砖国家新工业革命伙伴关系，是为了应对金砖国家在新形势下传统发展优势式微的问题。通过建设金砖创新基地等举措，金砖国家共同迎接新工业革命带来的机遇与挑战，为实现新旧动能转换、进一步取得突破性发展、进而实现持续为世界经济发展提供动力而携手努力，在实践中凝结成一个命运共同体。

---

① 《习近平关于中国特色大国外交论述摘编》，中央文献出版社，2020年，第53页。

第二章 习近平外交思想对"金砖+" 机制发展的引领作用

一、"金砖+"机制推动全球发展中国家新南南合作

面对百年未有之大变局，其中最引人注目的发展趋势之一是广大新兴市场国家和发展中国家在全球治理体系中的话语权和影响力正在以极其迅猛的速度提升。南南合作正在通过对话、合作的方式，引领国际政治格局的新方向。在这一波澜壮阔的世界潮流中，金砖国家合作机制已经成为21世纪南南合作的典范和中心舞台，而2017年诞生于中国厦门的"金砖+"理念更是跃升为全球新兴市场国家和发展中国家团结互助、合作对话的全新平台。"金砖+"合作机制不仅为金砖国家第二个黄金十年指明了发展方向，也为广大新兴市场国家和发展中国家共同推动新南南合作、参与全球治理注入新的活力。

1. "金砖+"机制的内涵

习近平主席明确指出："金砖国家不是封闭的俱乐部，也不是排外的'小圈子'，而是守望相助的大家庭、合作共赢的好伙伴。"[①]与西方发达

---

① 《习近平在金砖国家领导人第十四次会晤上的讲话》，新华网，http://www.news.cn/world/2022-06/23/c_1128770800.htm。

国家的七国集团不同，金砖国家合作机制始终向广大新兴市场国家和发展中国家开启大门，致力于推动更多新兴市场国家和发展中国家深化合作、共同发展，是21世纪南南合作最有潜力的发展方向。近年来，部分西方发达国家应对国际金融危机时选择了单边主义、保守主义和霸权主义的对外经济政策，全球化发展道路和《联合国宪章》提倡的多边主义理念遭受严重威胁。正是在这关键的历史时刻，习近平主席在2017年金砖国家工商论坛开幕式上的讲话中指出："我们应该发挥自身优势和影响力，促进南南合作和南北对话，汇聚各国集体力量，联手应对风险挑战。我们应该扩大金砖合作的辐射和受益范围，推动'金砖+'合作模式，打造开放多元的发展伙伴网络，让更多新兴市场国家和发展中国家参与到团结合作、互利共赢的事业中来。"① "金砖+"模式成为多边主义和全球化的重要选择之一。

"金砖+"理念诞生以来，金砖国家保持与其他新兴市场国家和发展中国家竭诚合作、成果斐然，"金砖+"理念正在落地并逐渐形成"金砖+"机制，展现了强劲的生命力，代表了未来南南合作乃至全球化的发展方向。不可否认的是，新兴市场国家和发展中国家的兴起是不可阻挡的历史趋势，不仅是金砖五国，一大批新兴市场国家都迫切希望改变目前在国际事务和全球发展中的话语权，以及自身发展速度同发展趋势不匹配的问题，希望提升本国在区域和全球治理问题中的话语权与影响力。在如今的国际政治格局下长期处于弱势的新兴市场国家，只有坚持南南合作才能在全球治理体系改革中提升发展中国家的整体利益和本国利益，而金砖国家合作机制在21世纪第一个十年对南南合作的引领作用得到了

---

① 《习近平在金砖国家工商论坛开幕式上的讲话（全文）》，新华网，http://www.xin-huanet.com/politics/2017-09/03/c_1121596338.htm。

全世界的认可，越来越多的新兴市场国家已经意识到金砖国家合作机制是推动新南南合作、维护发展中国家利益的重要平台。也正是在此背景下，"金砖+"机制正在以前所未有的姿态出现在世界舞台，吸引越来越多新兴市场国家的积极参与。截至2024年1月，已有沙特阿拉伯、伊朗、阿联酋、埃塞俄比亚、埃及五个重要新兴市场国家和发展中国家正式加入金砖国家合作机制。另外，据彭博社2023年4月24日的报道，南非的亚洲及金砖事务特使苏克拉尔接受媒体采访时表示："有13个国家正式要求加入，另外有6个国家非正式要求加入。我们每天都会收到加入的申请。"[①]2023年南非开普敦金砖国家领导人会晤的一项重要议题就是讨论金砖扩容和"金砖+"机制安排问题。

因此，"金砖+"机制的内涵在近年来多边合作的实践中逐渐清晰，即金砖国家通过加强与其他新兴市场国家和发展中国家的互利共赢和团结合作，扩大金砖合作的辐射和受益范围，深化新型南南合作平台，打造开放多元的发展伙伴网络，来共同应对百年未有之大变局中的挑战和机遇。

2. "金砖+"机制推动新型南南合作的历史意义

20世纪50至60年代蓬勃兴起的南南合作，是发展中国家通过团结互助追求独立自主、摆脱发达国家政治经济控制的标志性集体运动。在冷战对抗的历史背景下，发展中国家通过不结盟运动和七十七国集团两大平台追求政治独立，奠定了南南合作的政治基础。但是，南南合作运动在取得一定成果的同时，随之面临发展停滞和被边缘化的困境。由于东欧剧变、发达国家产业转移、南南国家产业结构相互竞争等原因，"南

---

① 《南非外交官：已有19个国家表示有兴趣加入金砖国家》，光明网，https://m.gmw.cn/2023−04/25/content_1303354219.htm。

南合作在很长的一段时间内并没有带动发展中国家实现预期的发展"，"南南合作已不再是发展中国家的主要战略选择"，①部分发展中国家回到依附发达国家的老路，南南合作平台进入发展瓶颈期。

陷入困境的南南合作运动急需塑造成功发展的典范，从虚到实形成行之有效的合作机制。当历史走入21世纪，一批新兴市场国家崛起为国际政治经济格局的新力量，尤其是在2008年全球金融危机爆发后，新兴市场国家和发展中国家成为全球治理重要力量的趋势越来越明显，其中2007年至2017年10年间金砖五国的国内生产总值占世界国内生产总值比重从12%提升到23%。②无论是二十国集团超越八国集团（七国集团）成为全球经济治理的主导平台，还是金砖国家合作机制的建立，都表明新兴市场国家参与全球治理的强烈意愿，而2017年诞生的"金砖+"模式则进一步调动更多新兴市场国家和发展中国家的积极性，从而客观上为推动南南合作迎来第二波发展高潮带来了历史机遇。

2017年金砖国家领导人厦门会晤期间，习近平主席开创性地提出"金砖+"合作模式。时任外交部部长王毅在第一时间就阐述了"金砖+"与南南合作的内在关系，他在第十二届全国人大五次会议新闻发布会答记者问时指出："我们将探索'金砖+'的拓展模式，通过金砖国家同其他发展中大国和发展中国家组织进行对话，建立更广泛的伙伴关系，扩大金砖的'朋友圈'，把金砖合作打造成为当今世界最有影响力的南南合作平台。"③习近平主席在金砖国家领导人第十四次会晤讲话中再次强调：

---

① 田旭：《从"金砖+"机制看南南合作模式创新》，郭业洲主编：《金砖国家合作发展报告（2019）》，北京：社会科学文献出版社，2019，第162—163页。

② 万喆：《金砖五国GDP占全球的比重从12%上升到23%》，《经济日报》，2018年7月25日。

③《王毅谈金砖合作四大看点：构筑南南合作新平台》，中国网，http://www.china.com.cn/lianghui/news/2017−03/08/content_40428024.htm。

"在2017年厦门会晤上，我提出了'金砖+'合作理念。5年来，'金砖+'模式不断深化拓展，成为新兴市场国家和发展中国家开展南南合作、实现联合自强的典范。"①从金砖国家合作机制之所以进一步拓展为"金砖+"机制，并且成为引领全球新兴市场国家和发展中国家共同推进新南南合作的典范，是呼应广大发展中国家诉求的必然之路。

首先，除了金砖国家以外，世界各个次区域都有大批新兴市场国家快速崛起。这些新兴市场国家在区域乃至全球的影响在不断提升，也普遍希望通过建立相互之间的南南合作对话平台，加强本国在本区域及全球经济体系的话语权。金砖国家是全球发展中国家的"领头羊"，金砖国家合作机制对迫切要求提升国际影响力和话语权的新兴市场国家有极高的吸引力，而金砖国家合作机制也有责任整合全球新兴市场国家力量，为促进新南南合作继而提升发展中国家整体影响力发挥作用。

其次，20世纪南南合作的重心是通过相互支持追求意识形态的独立自主，但是囿于南方国家内部经济结构同质化而难以建立起有效的经济互补机制。进入21世纪，金砖国家合作机制通过金砖国家新开发银行、金砖国家工商论坛等机制化经济合作平台为南南合作注入新的理念。随着金砖国家从区域大国经济发展合作概念进一步升级为全球发展中国家命运共同体概念，"金砖+"为南南合作赋予了新的时代内涵，即广大发展中国家不仅要通过理念认同维护独立自主的国际政治地位，还要通过经济互助引领全球化的国际经济发展趋势，更要通过发展中国家共同体建设实现公平、公正的人类命运共同体目标。

最后，"金砖+"是中国参与全球治理改革所提出"中国方案"的重

---

① 《习近平在金砖国家领导人第十四次会晤上的讲话》，新华网，http://www.news.cn/world/2022-06/23/c_1128770800.htm。

要内容。全球新兴市场国家和发展中国家在"南北对话""南南合作"中所面临的问题是相同的，尤其是发展中国家在投资、贸易、技术等领域缺乏互补优势，严重阻碍了南南合作从务虚平台最终向务实平台转化。因此，中国提出并推动"金砖+"模式的发展，是希望用中国经验回应广大发展中国家所面临的一些共性问题，尤其是中国作为对于全球发展贡献最大的发展中国家领头羊，能够在资金注入、技术转移、贸易互补、基础建设等方面为其他发展中国家提供发展动能。2015年，习近平主席出席联合国发展峰会期间宣布中国出资设立"南南合作援助基金"，2022年中国政府又在全球发展高层对话会宣布将"南南合作援助基金"升级为"全球发展和南南合作基金"，坚定不移支持发展中国家的可持续发展。"中国通过'金砖+'合作带动其他有着相似发展目标的新兴市场国家借助金砖国际合作机制实现共同发展"[①]，也为南南合作创新转型作出表率。

3. "金砖+"机制推动新型南南合作的路径引领：三大倡议

习近平外交思想指引下的中国外交始终重视南南合作，"坚定支持新兴市场和发展中国家在国际事务中发挥更大作用，推动世界大变局向正确方向演进"[②]。中国始终认同自己是发展中国家大家庭的一分子，把加强同新兴市场国家和发展中国家协作作为对外关系的重要方向，始终把新兴市场国家和发展中国家看作共同构建人类命运共同体、构建新型国家关系的关键伙伴。在众多关于南南合作或者中国与发展中国家合作的表述理念中，"金砖+"是对南南合作的全新创举和高度凝练。

在明确"金砖+"机制与南南合作内在逻辑联系的基础上，如何通过

---

① 李峰：《"金砖+"合作模式研究》，中国经济出版社，2019年，第22页。

② 杨洁篪：《深化新兴市场国家和发展中国家团结合作 携手共建人类命运共同体》，《求是》2022年第14期。

"金砖+"机制进一步推动新型南南合作的具体路径引领，就是学界亟待回答的另外一个重要问题。

事实上，习近平外交思想已经为回答上述问题给出了指导方向。2021年，习近平主席在第七十六届联合国大会一般性辩论上提出全球发展倡议；2022年在博鳌亚洲论坛开幕式主旨演讲上提出全球安全倡议；2023年在中国共产党与世界政党高层对话会上，提出全球文明倡议。三年来"三大倡议"的相继提出，加之2013年提出的"一带一路"倡议，共同组成构建人类命运共同体的完整拼图，而南南合作与全球发展中国家团结互助是人类命运共同体建设的关键核心。

值得注意的是，2017年金砖国家领导人厦门会晤的重要成果之一——金砖国家合作机制升级为"三轮驱动"，提出了金砖国家合作机制的经贸发展、政治安全和人文交流三大支柱，这与三大倡议中的"发展""安全""文明"三大主题完全契合，中国主张、中国方案对于包括南南合作在内的全球治理是一以贯之的。因此，具体到"金砖+"的未来路径方向，习近平外交思想已经指明了方向。

二、"金砖+"机制与全球发展倡议

南北差距、气候变化、国际公共卫生紧急事件等问题给全球整体发展带来诸多挑战，而南方国家面临的困难更是首当其冲，南北发展不均衡、不平衡、不平等的问题进一步加剧。发展是永恒的主题，也是实现联合国2030年可持续发展议程乃至人类命运共同体的根本保障。因此，2021年9月，习近平主席在第七十六届联大会议首提全球发展倡议和全球发展命运共同体。

在2022年金砖国家领导人十四次会晤期间，习近平主席多次呼吁金砖国家合作机制稳步推进全球发展倡议落地落实，共同构建全球发展共同体。金砖国家合作机制推动落实全球发展倡议的关键在于"金砖+"，只有推动更多发展中国家参与到金砖合作中来，"不让任何一个国家、任何一个人掉队"①，才能给全球发展倡议注入金砖力量。与金砖国家领导人第十四次会晤同期举办的全球发展高层对话会，邀请了印度尼西亚（二十国集团轮值主席国）、柬埔寨（东南亚国家联盟轮值主席国）、泰国（亚太经合组织轮值主席国）、乌兹别克斯坦（上海合作组织轮值主席国）、哈萨克斯坦（独联体轮值主席国）、塞内加尔（非洲国家联盟轮值主席国）、阿根廷（拉美和加勒比国家共同体轮值主席国）、阿尔及利亚（阿拉伯国家联盟轮值主席国）、斐济（太平洋岛国论坛轮值主席国），以及马来西亚、埃及、伊朗等各区域具有代表性的新兴市场国家和发展中国家参会，共商全球发展倡议，"金砖+"机制已经正式开启推动全球发展倡议的步伐。

全球发展倡议关于发展中国家的内容重点在于"一个原则、一个路径"，即坚持普惠包容的原则，支持发展中国家缩小南北差距；坚持创新驱动的路径，帮助发展中国家实现跨越发展。

1."金砖+"机制与普惠包容原则

长期以来，由西方发达国家所主导的全球经济治理和金融货币体系不能充分反映发展中国家的利益，部分发展中国家面临经济危机的冲击处于尤其脆弱的地位，但是现有的国际金融改革却由于部分发达国家的自私封闭而陷入停滞，世界银行及国际货币基金组织等重要全球经济组织针对广大发展中国家的援助常常带有西方式的傲慢或者主权干涉，附加条款、单边制裁、长臂管辖层出不穷。部分西方霸权国家更是不断挥

---

① 《习近平在全球发展高层对话会上的讲话》，新华网，http://www.xinhuanet.com/politics/leaders/2022-06-24/c_1128774441.htm。

舞经济制裁大棒，例如"从 2000 年到 2021 年美国对外制裁增加
933%"①，被制裁对象主要是发展中国家。因此，发展中国家迫切需要
另辟蹊径通过南南合作推动全球金融治理变革继续前行，建立普惠包容
的全球发展环境。呼应全球发展倡议中的普惠包容原则，金砖国家合作
机制很早就已经开展行动，"包括中国在内的广大南方国家在遵循现有的
金融治理体系的基础上，通过双边、多边等方式，建立新的金融机构、
货币互换安排等推动全球金融治理变革……"②。以"金砖+"为核心的
新南南合作将是推动全球经济治理和金融体系改革更加普惠开放、包容
平等的重要力量。

"金砖+"机制呼应普惠包容原则的主要成果是金砖国家新开发银行
并设立配套的应急储备安排。2015 年金砖国家新开发银行成立，这是全
球第一个以南南合作为基础的多边开发银行。新开发银行不是金砖国家
的小圈子，而是代表全体新兴市场国家和发展中国家的多边金融平台，
其普惠包容体现在多个方面：

其一，金砖国家新开发银行强调普惠的原则，而不是通过附加政治
条件、针对发展中国家设立较高门槛。金砖国家新开发银行遵循南南合
作的基本理念，向所有不同政治制度、不同发展路径的发展中国家敞开
大门。

其二，金砖国家新开发银行强调包容的原则，无意挑战或者排除现
有的全球经济治理和国际金融体系的基本架构。金砖国家新开发银行在
《成立新开发银行的协议》开篇便明确指出，"为金砖国家及其他新兴经

---

① 《美国的霸权霸道霸凌及其危害》，新华网，http://www.xinhuanet.com/world/2023-
02/20/c_1129381937.htm。

② 徐超、于品显：《南南合作与全球金融治理变革》，郭业洲主编：《金砖国家合作发
展报告（2019）》，北京：社会科学文献出版社，2019 年，第 215 页。

济体和发展中国家的基础设施建设和可持续发展项目动员资源，作为现有多边和区域金融机构的补充，促进全球增长与发展"①，以包容平等的姿态与国际货币基金组织和世界银行开展互补合作和良性竞争。

2017年8月，金砖国家新开发银行非洲区域中心成立，作为"金砖+非洲"的支柱成为金砖国家合作机制面向全体非洲国家的主要窗口，随后又相继成立美洲区域中心、欧亚区域中心、印度区域办公室，为亚非拉更多新兴市场国家和发展中国家提供发展支持。2021年，金砖国家新开发银行的"金砖+"升级继续迈出实质性步伐，孟加拉国、阿联酋、乌拉圭和埃及相继成为新开发银行正式会员。2022年6月，《金砖国家领导人第十四次会晤北京宣言》提到："期待银行按照渐进、地域平衡原则持续推进扩员工作，吸纳发达国家和发展中国家，提高银行国际影响力，增强新兴市场和发展中国家在全球治理中的代表性和发言权。"②因此，金砖国家新开发银行不仅面向发展中国家，也欢迎发达国家的加入，真正做到了坚持普惠包容的原则。

"金砖+"机制未来继续推动新南南合作的基本遵循之一就是坚持习近平主席在全球发展倡议中提出的普惠包容原则，同广大新兴市场国家和发展中国家实现共同发展繁荣。"坚持包容普惠，不断拓展'金砖+'合作，让金砖国家的朋友越来越多，大家携手共同发展，就一定能极大增强世界经济的稳定性，让各国人民的生活更加幸福美好。"③

---

① 《成立新开发银行的协议（中文译本）》（2017年3月21日），财政部官网，http://gjs.mof.gov.cn/dhjz/gjjrzz/xkfyh/201703/t20170321_2561864.htm。

② 《金砖国家领导人第十四次会晤北京宣言》，外交部官网，https://www.mfa.gov.cn/web/gjhdq_676201/gjhdqzz_681964/jzgj_682158/xgxw_682164/202206/t20220623_10709036.shtml。

③ 《坚持包容普惠，造福各国人民——四论习近平主席金砖国家工商论坛重要讲话》，《人民日报》，2018年7月30日。

2. "金砖+"机制与创新驱动路径

在当今全球发展格局中，新兴市场国家和发展中国家长期处于落后者和追赶者的地位，只有抓住新工业革命和产业变革的历史机遇，坚持创新驱动，才有可能实现弯道超车，承担起推动全球发展的重任。

在过去很长一段时间，发展中国家的对外科技合作更多处于国际产业链分工的被动局面，即发展中国家通过出让市场和初级阶段工业原料，换取发达国家的投资和技术转移，南北国家之间技术转移速度和方向被发达国家牢牢控制，发达国家往往通过科技优势对发展中国家实行技术封锁和垄断，遏制发展中国家工业化的进程。近年来，以中国为代表的金砖国家加快相互之间的科技创新合作。《金砖国家领导人第十四次会晤北京宣言》强调："我们赞赏金砖国家科技创新合作进展，包括金砖国家科技创新指导委员会在推进旗舰项目倡议、为全球性挑战寻找有效科技创新方案方面的成果。我们鼓励就技术转移中心网络、'创新金砖'网络、旗舰项目联合研究、青年科学家论坛、青年创新奖等相关倡议进一步开展工作。"①金砖国家合作机制的科技创新合作已经卓有成效，而且高度重视科技创新合作在落实"金砖+"理念过程中的重要作用，尤其是在厦门打造了金砖创新基地作为金砖国家及"金砖+"机制创新合作的重要平台。

金砖创新基地秉持开放包容、合作共赢的金砖精神，以推进落实金砖国家新工业革命伙伴关系为主线，聚焦政策协调、人才培养、项目开发三大重点任务，提升应对新工业革命挑战的能力，促进金砖国家共同实现技术进步和社会发展，而且越来越重视拓展金砖国家之外的发展中

---

① 《金砖国家领导人第十四次会晤北京宣言》，外交部官网，https://www.mfa.gov.cn/web/gjhdq_676201/gjhdqzz_681964/jzgj_682158/xgxw_682164/202206/t20220623_10709036.shtml。

国家全球发展伙伴，利用自身创新驱动的平台优势助推"金砖+"理念的落地落实。金砖创新基地已经成为吸引其他新兴市场国家和发展中国家加入"金砖+"合作大平台的重要窗口。截至2022年底，金砖创新基地与46个国家合作，在工业创新、数字经济、绿色经济、生物制造、人工智能等13个领域举办34个培训项目，开设约680门科技创新课程，培训科技人才共约86.5万人次。[①]此外，金砖创新基地通过举办"金砖国家工业互联网与数字制造发展论坛""2022金砖国家职业技能大赛"，吸引了除金砖国家之外的白俄罗斯、加纳、尼日利亚、缅甸、津巴布韦、蒙古等发展中国家的参与，向更多发展中国家展示了"金砖+"创新驱动的发展潜力。

数字经济、绿色新能源、电商网络、智能制造、5G技术等中国具有优势的新工业革命产业技术对于广大发展中国家具有极高吸引力，是进一步通过金砖创新基地等平台提升"金砖+"大家庭吸引力的重要方向。习近平主席在全球发展倡议中明确指出："坚持创新驱动……打造开放、公平、公正、非歧视的科技发展环境"[②]，旨在呼吁通过新创驱动的路径团结广大发展中国家深化南南科技合作，增强发展中国家的科技竞争能力，改善与发达国家之间被动的产业关系，从而有利于发展中国家实现跨越发展，在全球发展大格局中提升全球治理话语权。

三、"金砖+"机制与全球安全倡议

安全是发展的前提条件，维护国际和平与安全是联合国建立的首要宗旨，和平共处也是南南合作的第一原则。但是，国际政治的无政府性

---

① 《金砖创新基地取得阶段性成果》，《厦门日报》2022年12月28日。
② 《习近平在第七十六届联合国大会一般性辩论上的讲话》，中国政府网，https://www.gov.cn/xinwen/2021-09/22/content_5638597.htm。

决定了全球社会仍将长期面临各种传统安全和非传统安全威胁，尤其是广大发展中国家在面对安全问题时承受的风险更大。因此，习近平主席在2022年博鳌亚洲论坛首次提出全球安全倡议，其核心理念和原则与万隆精神是一脉相承的，是中国与全球发展中国家发展外交关系的基础。

金砖国家合作机制多次强调各国合作共同维护和平与安全的立场，尤其是金砖国家在安理会等联合国场合共商国际和平与安全事务的重要性。习近平主席进一步在金砖国家领导人第十四次会晤讲话中呼吁金砖伙伴"走出一条对话而不对抗、结伴而不结盟、共赢而非零和的新型安全之路"，一起推动"全球安全倡议"落地见效，为世界注入稳定性和正能量。①金砖国家合作机制关注全球层面的安全威胁与挑战，习近平主席在出席2019年金砖国家领导人第十一次会晤时提议："金砖国家建设性参与地缘政治热点"②，尤其是涉及广大发展中国家利益的区域热点问题，包括传统安全领域的阿富汗局势、伊朗核问题、中东和平问题、非洲和平问题，以及核武器和生化武器不扩散问题，也包括非传统领域的网络安全、人工智能治理、疫情防控、恐怖主义、气候变化、粮食安全、反腐合作及毒品犯罪等问题。无论是上述传统安全问题，还是非传统安全问题的主要受害者都是发展中国家，也是"金砖+"合作机制落实全球安全倡议的主要合作方向。

1. "金砖+"机制与传统安全

与部分西方霸权国家的单边主义和强权政治不同，无论是金砖国家合作机制还是全球安全倡议，在处理传统安全问题和地缘政治风险时都

---

① 习近平在金砖国家领导人第十四次会晤上的讲话，新华网，http://www.news.cn/world/2022-06/23/c_1128770800.htm。

②《习近平在金砖国家领导人巴西利亚会晤公开会议上的讲话》，新华社，2019年11月15日。

秉持一个相同的原则，即通过对话协商以和平方式解决国家间的分歧和争端。《金砖国家领导人第十四次会晤北京宣言》强调："应通过对话协商以和平方式解决国家间的分歧和争端"，全球安全倡议也把"坚持通过对话协商以和平方式解决国家间的分歧和争端"①列为核心理念与原则，赢得了广大发展中国家的共鸣。以"金砖+"为代表的新南南合作已经在落实"对话协商、和平解决"原则上迈出实质性步伐，尤其是中沙伊的三方联合声明和国际调解院的建立，都是近年来习近平外交思想指引下的金砖合作实践在传统安全领域的重要成果。

伊朗和沙特阿拉伯作为中东地区长期关系紧张的地缘政治对手，也都是"金砖+"机制的重要合作对象。两国在中国协调下和平谈判解决分歧为其他发展中国家通过"金砖+"平台对话协商提供了良好示范。2022年6月，伊朗外交部在新闻发布会上宣布伊朗已经提交申请加入金砖国家合作机制，中国外交部在回应此问题时表示："金砖国家一致认为要加强同其他新兴市场和发展中国家合作，进一步提升金砖机制的代表性……中方积极支持金砖国家启动扩员进程，拓展'金砖+'合作"②；2022年10月，南非总统拉马福萨在与沙特阿拉伯王储兼首相萨勒曼会谈后，向媒体透露沙特阿拉伯表达了加入金砖国家合作机制的愿望，中方也表示了欢迎和支持。伊朗和沙特阿拉伯对"金砖+"机制的支持，体现了两国认同金砖国家合作机制"对话协商、和平解决"的原则。随后，2023年3月中沙伊三方联合声明指出："沙伊双方为了在兄弟关系框架下通过对话和外交方式解决双方分歧……同意恢复双方外交关

---

① 《全球安全倡议概念文件》，司法部官网，http://www.moj.gov.cn/gwxw/ttxw/202302/t20230221_472434.html。

② 《2022年6月28日外交部发言人赵立坚主持例行记者会》，外交部官网，http://spainembassy.fmprc.gov.cn/fyrbt_673021/jzhsl_673025/202206/t20220628_10711216.shtml。

系"①，"对话协商、和平解决"原则受到全球广大发展中国家的盛赞。"金砖+"机制可能成为更多认同全球安全倡议及"对话协商、和平解决"原则的发展中国家对话交流的大平台，相关原则也为"金砖+"机制的未来发展指明了方向。

国际调解院是中国外交为贯彻"对话协商、和平解决"原则而提供的重要全球安全方案。国际调解院作为首个通过调解而不是诉讼仲裁和平解决国际争端的国际组织，是中国外交践行全球安全倡议相关原则的重要路径。值得注意的是，国际调解院的主要目标之一是："增强发展中国家的参与度，培养发展中国家的调解员，推动国际争端解决机制向更加公平普惠的方向发展。"②

事实上，国际调解院建立的背景正是部分西方发达国家利用其长期在国际司法组织的话语权和影响力，扰乱公平公正的国际争端解决机制秩序，例如美国单方面延宕世界贸易组织上诉机构改选而致世界贸易组织争端解决机制长时间停摆，严重损害广大发展中国家对于现有国际仲裁机制的信任。在此背景下，认同"对话协商、和平解决"原则的发展中国家更希望有公平的争端调解平台，而国际调解院筹备创始成员国全部都是发展中国家。其中，国际调解院的创始成员国印度尼西亚、阿尔及利亚等国作为主要代表和区域大国都对参与"金砖+"合作机制表达了兴趣。2022年10月，印度尼西亚驻俄罗斯大使在接受媒体采访时表示印度尼西亚正在评估加入金砖国家，而2022年11月7日阿尔及利亚外交部

---

① 《中华人民共和国、沙特阿拉伯王国、伊朗伊斯兰共和国三方联合声明》，外交部官网，https://www.mfa.gov.cn/web/gjhdq_676201/gj_676203/yz_676205/1206_676860/1207_676872/202303/t20230310_11039137.shtml。

② 《携手创建国际调解院打造和平解决国际争端新平台》，外交部官网，https://www.mfa.gov.cn/web/wjbzhd/202302/t20230216_11025995.shtml。

宣布已申请加入金砖国家。[①]因此，"金砖+"合作机制可以进一步充实有关国际争端调解机制的合作内容，与国际调解院形成共振，推动更多"金砖+"合作伙伴加入国际调解院，在"对话协商、和平解决"原则指导下维护广大发展中国家的安全环境、化解南南合作内部冲突矛盾。

2. "金砖+"机制与非传统安全

非传统安全与传统安全相互交织，只有采取综合措施才能在保证安全的同时维持长治久安。2014年，习近平主席在亚洲相互协作与信任措施会议（亚信）第四次峰会提出了"共同、综合、合作、可持续的亚洲安全观"[②]。这一理念被全球安全倡议吸收升级，提出了"共同、综合、合作、可持续的新安全观"，作为全球安全治理的原则基础。全球安全倡议面对传统安全和非传统安全复杂交织的局面有侧重地提供了不同的方案，关于传统安全是"通过政治对话、和平谈判来实现安全"，而关于非传统安全则是"寻求可持续发展，通过发展化解矛盾"。[③]因此，国际社会，尤其是社会发展更加脆弱的发展中国家，只有秉持可持续发展理念，才能长效应对全球共同面临的非传统安全问题。

金砖国家合作机制针对非传统安全问题向来重视可持续发展的长远效果。《金砖国家领导人第十四次会晤北京宣言》强调，金砖国家加快落实联合国《2030可持续发展议程》的重要性，尤其呼吁包括金砖国家在内的国际社会重振全球发展伙伴关系，向发展中国家"提供额外发展资

---

① 《阿尔及利亚正式申请加入金砖国家》，《新京报》2022年11月7日；《印尼驻俄罗斯大使：印尼希望正式加入金砖国家》，《海峡都市报》2022年10月23日。

② 《积极树立亚洲安全观 共创安全合作新局面》（习近平主席在第四次亚信峰会的主旨讲话），新华社，2014年4月21日。

③ 《全球安全倡议概念文件》，新华社，2023年2月21日。

源，推动发展中国家能力建设和技术转让"①，帮助脆弱的发展中国家应对逐渐恶化的贫困、饥饿、医疗、教育、环保和气候变化等非传统安全威胁，例如宣言表示中国"愿向全球发展中国家提供5000个研修培训名额用于培养专业人才，共同应对全球性安全问题"②，相关机构如金砖创新基地可以针对发展中国家开设专门的各类非传统安全专业人才培训课程，响应国家战略需求。

"金砖+"机制应对非传统安全问题的核心就是打造全球发展中国家多边主义合作平台，在落实《2030可持续发展议程》的各项议题的过程中为发展中国家大集体发声。以气候问题为例，"金砖+"坚持共同但有区别的责任和各自能力原则，要求发达国家为全球气候变化承担历史责任、扩大对发展中国家的资金技术支持，反对部分发达国家设置绿色贸易壁垒针对发展中国家采取的歧视性措施，向发展中国家转嫁气候变化问题的治理成本。

"金砖+"机制是金砖国家合作机制从传统经济和安全领域合作扩展到全球治理各个领域的主要平台。错综复杂的非传统安全问题如能源安全、粮食安全、贫富差距、公共卫生、恐怖主义和跨国犯罪、网络和信息安全、环境问题等都只有团结全世界所有国家共同推动联合国《2030可持续发展议程》才能有所建树，在此过程中"金砖+"可以努力的方向包括：一是把非传统安全议题注入新型南南合作议程，增强发展中国家对于非传统安全问题的可持续发展共同体意识；二是维护发展中国家的

---

① 《金砖国家领导人第十四次会晤北京宣言》，外交部官网，https://www.mfa.gov.cn/web/gjhdq_676201/gjhdqzz_681964/jzgj_682158/xgxw_682164/202206/t20220623_10709036.shtml。

② 《全球安全倡议概念文件（全文）》，司法部官网，http://www.moj.gov.cn/gwxw/ttxw/202302/t20230221_472434.html。

集体利益,在非传统安全领域带领发展中国家集体与发达国家展开磋商对话,为发展中国家的可持续发展争取更大空间。

四、"金砖+"机制与全球文明倡议

2023年3月15日,习近平总书记出席中国共产党与世界政党高层对话会开幕式并发表主旨讲话,面向世界首次提出全球文明倡议。习近平总书记指出:"我们要共同倡导尊重世界文明多样性,坚持文明平等、互鉴、对话、包容,以文明交流超越文明隔阂、文明互鉴超越文明冲突、文明包容超越文明优越。我们要共同倡导弘扬全人类共同价值,和平、发展、公平、正义、民主、自由是各国人民的共同追求,要以宽广胸怀理解不同文明对价值内涵的认识,不将自己的价值观和模式强加于人,不搞意识形态对抗。我们要共同倡导重视文明传承和创新,充分挖掘各国历史文化的时代价值,推动各国优秀传统文化在现代化进程中实现创造性转化、创新性发展。我们要共同倡导加强国际人文交流合作,探讨构建全球文明对话合作网络,丰富交流内容,拓展合作渠道,促进各国人民相知相亲,共同推动人类文明发展进步。我们愿同国际社会一道,努力开创世界各国人文交流、文化交融、民心相通新局面,让世界文明百花园姹紫嫣红、生机盎然。"①

这四个"共同倡导"是人类命运共同体视野下人类文明观的核心思想,是在认识与把握人类文明进步规律基础上,结合世情国情党情实际、针对人类文明现状对构建人类文明新形态、弘扬全人类共同价值、推动人类文明创造性发展等进行的理论阐释与实践探索,系统回答了当代中

---

① 《携手同行现代化之路——在中国共产党与世界政党高层对话会上的主旨讲话》,《新华每日电讯》,http://www.news.cn/mrdx/2023-03/16/c_1310703020.htm。

国和世界要建设什么样的文明和怎样建设当代中国和世界文明的根本性问题，为各国合作应对多样化挑战和实现包容性发展提出了新的价值指引。

1.金砖国家合作是对全球文明倡议的生动体现

2019年习近平主席在金砖国家领导人第十一次会晤上指出："金砖国家为世界文明交流提供了最佳实践。""我们要以'金砖+'合作为平台，加强同不同文明、不同国家的交流对话，让金砖的朋友圈越来越大，伙伴网越来越广。"①金砖国家合作的多元性、包容性、互惠性、开放性是对全球文明倡议的生动体现。

金砖国家合作是人类文明新形态下的交往合作，超越了西方单一文明基础上的共同体理念，在强化"全人类命运与共"的基础上，建构了多元文明主体平等参与的国际合作观。金砖五国分别是中华文明、斯拉夫文明、印度文明、拉丁美洲和非洲文明的当代代表，且他们都拥有悠久的历史和文化渊源，是人类多元文明的重要代表。金砖国家合作超越历史传统、文化语言、意识形态、社会制度等障碍，实现充分的交流、互鉴和整合。

金砖国家合作超越了自我—他者的边界和二元对立视角，超越了狭隘的地区观念，以更具包容性的姿态，倡导整体世界观促进世界文明融合。金砖国家合作力图在一个平等的体系下创新完善国际秩序，不是以自我为中心，而是推动团结、平等、均衡、普惠的全球发展伙伴关系，弘扬共商共建共享的国际合作观；不是把金砖国家非西方的文明图景塑造成对抗西方文明的一种力量，而是真正意义上以整个人类、整个世界

---

① 《习近平在金砖国家领导人巴西利亚会晤公开会议上的讲话（全文）》，新华网，http://www.xinhuanet.com/politics/leaders/2019-11/15/c_1125233767.htm。

的角度来看待人类共同的命运，倡导全人类休戚与共，倡导互补、互利、互助、互动的国际交往原则，推动全球治理体系变革。

金砖国家合作超越了西方文明的同质性合作的禁锢，不封闭、不排外，倡导互惠互利、开放融合、权责共担的平等合作观。强调与各国分享中国的发展经验，带动周边国家的发展。国家不分大小、强弱、贫富，都可以平等参与合作。"金砖+"合作模式使更多国家可以发挥其价值和能量，有效参与全球治理进程。在构建多元文明主体的利益共同体、发展共同体、安全共同体、责任共同体、行动共同体，丰富了协调、可持续的和平发展战略思想，强调了以义为先、义利相兼、权责共担的意识，共同应对当今地区和全球一系列风险与挑战。

因此，全球文明倡议对全球挑战提供价值支撑、实践创新，亦在提升人类文明存续的能力方面意义深远。金砖国家跨文明交流合作有条件，且应成为促进世界多元文明交流互鉴、和谐共生，推动实现全球发展倡议的重要动力，并发挥示范作用。

2. "金砖+"合作机制对更多发展中国家响应全球文明倡议具有带动作用

全球文明倡议所提出的四条倡议中直接涉及发展中国家南南合作的内容主要体现在两点上：一是"倡导尊重世界文明多样性"，二是"倡导加强国际人文交流合作"。[①]前者是鼓励南南合作团结一致反对外来干涉，尤其是反对少数西方霸权国家在现代化发展路径上傲慢歧视发展中国家，甚至通过各种武力、制裁、煽动等手段向发展中国家输出其单一的西方现代化模式，造成大量的混乱和悲剧，包容各国多元现代化文明道路；

---

① 《携手同行现代化之路——在中国共产党与世界政党高层对话会上的主旨讲话》，《新华每日电讯》，http://www.news.cn/mrdx/2023-03/16/c_1310703020.htm。

后者是鼓励南南合作加强团结促进内部相互交流，呼吁发展中国家拓宽交流范围，相互扶持、相互认同，团结产生力量，推动发展中国家大家庭在人类文明发展事业中作出更大贡献。

金砖国家作为全球发展中国家的"领头羊"，各自有其独特的文明发展模式和发展优势，有义务通过"金砖+"机制带动更多发展中国家响应全球文明倡议，不仅维护发展中国家走独立自主现代化之路的权利，而且带领发展中国家文明互鉴、团结合作，深化新型南南合作。

金砖国家领导人在不同场合表示金砖国家合作机制不是封闭俱乐部，也没有像西方发达国家的七国集团那样在政治制度领域存在明显意识形态偏见和冷战思维。"金砖+"向所有政治制度、宗教信仰、意识形态不同的新兴市场国家和发展中国家敞开大门，尤其强调对其他发展中国家参与"金砖+"合作要采取包容的态度，《金砖国家领导人第十四次会晤北京宣言》提出："金砖国家拓展同其他新兴市场和发展中国家合作的努力……通过包容、平等、灵活的做法和倡议，进一步推进金砖外围对话和'金砖+'合作。"①

值得注意的是，冷战结束以来以美国为首的西方发达国家仍然固守冷战思维，在原苏联地区和中东地区频繁煽动"颜色革命""阿拉伯之春"，不肯轻易放弃在文明领域对发展中国家居高临下的态度。很多新兴市场国家和发展中国家在面对强力的外部干扰时很难坚定原先的发展道路，始终无法建立起文化自信、道路自信，不能正确看待发展中必然出现的短期困难。然而，不同政治制度和文化特色的金砖国家为其他发展中国家的独立自主建立了榜样，尤其是中国式现代化之路证明了世界文

---

① 《金砖国家领导人第十四次会晤北京宣言》，外交部官网，https://www.mfa.gov.cn/web/gjhdq_676201/gjhdqzz_681964/jzgj_682158/xgxw_682164/202206/t20220623_10709036.shtml。

明发展之路并不仅仅只有唯一的西方式道路，"打破了现代化等于西方化的迷思"①。通过"金砖+"合作机制，吸引更多新兴市场国家和发展中国家认同一种不同于西方模式的南南合作发展典范，在文化领域处于弱势的发展中国家"抱团取暖"，从而建立起集体自信，相互鼓励坚持独立自主的现代化道路，践行"尊重世界文明多样性"的倡议。

近年来，金砖国家在人文交流领域的合作成果为更多发展中国家参与"金砖+"机制奠定了基础。金砖国家，"在治国理政、政党、智库、文化、教育、体育、艺术、女性、青年等领域不断加强对话合作，成立金砖国家工商理事会、智库理事会、大学联盟、职业教育联盟、女性工商联盟、图书馆联盟、美术馆联盟和青少年儿童戏剧联盟等，举办金砖国家学术论坛、民间社会组织论坛、治国理政研讨会、友好城市暨地方政府合作论坛、青年峰会、青年科学家论坛、媒体高端论坛、电影节、运动会等"②。"金砖+"机制的未来发展方向可以在上述已经成熟的人文交流平台上循序渐进地邀请其他发展中国家的民间社团、地方政府、政党、高校、行业协会及智库参与各个专门理事会或专业联盟，以准成员国的身份参与"金砖+"机制，在时机成熟的情况下进一步吸纳新成员参与更加敏感的经济或者政治议题。

"金砖+"机制建设把发展中国家之间的人文交流和文明互鉴作为重要发展方向，通过民心相通把发展中国家的人心凝聚在一起，有利于发展中国家的集体认同和文化自信，也有利于广大发展中国家在新型南南合作基础上坚持独立自主的道路，响应全球文明倡议关于发展中国家探索现代化道路多样性的倡议。

---

① 《全球文明倡议：携手共绘现代化新图景》，《北京日报》2023年3月24日。
② 《"金砖"为全球发展注入更多力量》，《经济日报》2022年6月25日。

综上所述，金砖国家合作机制向"金砖+"机制扩容升级的过程中，"金砖+"不仅仅只是新成员的增加，还包括"金砖"合作领域的拓展与深化。金砖国家合作机制早期主要是经济、政治二轨并进，直到2015年金砖国家领导人第七次会晤签署《金砖国家政府间文化合作协定》，然后2017年金砖国家领导人厦门会晤又进一步明确人文交流是金砖国家合作机制的第三支柱，最终实现了"金砖+"的经济、政治、人文"三轮驱动"的跨越式转变。结合金砖国家合作机制的"三轮驱动"理念模式，全球发展倡议和全球安全倡议对于金砖国家合作机制如何分别从经济和政治的角度维护广大发展中国家的发展利益和安全利益作出了路径指导。全球文明倡议则是进一步在文化和意识形态领域反对少部分西方霸权国家鼓吹所谓普世价值观、延续冷战思维，反对对于走不同文明发展道路的发展中国家肆意围堵污蔑，维护发展中国家走各具特色的现代化道路的自主选择权。

第三章　金砖国家共同体建构

党的二十大报告提出，"扩大金砖国家、上海合作组织等合作机制影响力，增强新兴市场国家和发展中国家在全球事务中的代表性和发言权"，是践行共商共建共享的全球治理观的重要实现路径。随着金砖国家自身实力的增长，其对现有国际规则体系提出的改革要求及其参与所带来的文化和理念创新也必将实际影响国际规则的改革。但是，金砖国家合作机制的意义和实践导向不止于此。正如党的二十大报告所指出的："构建人类命运共同体是世界各国人民前途所在。"金砖国家合作机制不仅作为经济治理创新的制度合作平台为发展中国家提供了改变落后的国际规则的机遇，也为世界提供了一个发展新型国际关系的多边平台，为中国智慧的治理逻辑提供了实践基础，更为实现全球发展和全球安全提供了一个过程导向的运行路径。

一、金砖国家共同体构建的基础和国际背景

自2001年吉姆·奥尼（Jim O'Nill）提出"金砖四国"（BRICs）[①]的

[①] 由美国高盛公司（Goldman Sachs）首席经济学家吉姆·奥尼于2001年根据巴西、俄罗斯、印度和中国这四个成长前景看好的新兴市场国家首字母提出的"金砖四国"（BRICs）概念。

概念，到 2010 年南非正式加入，"金砖四国"升级为"金砖五国"（BRICS），再到 2017 年金砖国家领导人厦门会晤期间，习近平主席提出了"金砖+"概念，金砖国家合作机制已经成为中国、俄罗斯、印度、巴西和南非五国扩大相互沟通合作、加强战略信任与协调的重要平台。金砖国家间形成合作机制是由多方面原因共同促成，这些原因既有外部的推动，但更主要的则来自金砖国家自身的合作愿望和诉求。面对百年未有之大变局，以金砖国家为代表的新兴市场国家和发展中国家群体性崛起成为时代大势，推动国际秩序朝着更加公正合理的方向转变。在此背景下，金砖国家合作越发令世人瞩目，金砖国家经济总量占全球23%，货物贸易占 18%，吸引外资占 25%，是世界经济中不可忽视的重要力量。[①]根据国际货币基金组织2023年4月发布的最新一期《世界经济展望》中的数据显示，四个主要金砖国家（巴西、俄罗斯、印度和中国）将在未来五年经济强劲增长，对全球经济增长的贡献将超过七国集团。到2028年，这四个金砖国家预计将为全球经济增长贡献近40%的份额。不过，同属于金砖国家的南非预计未来五年经济增长乏力，对全球经济总量贡献份额预计为约0.5%。[②]与此同时，金砖国家也面临着战略互信赤字、合作机制不成熟、集体身份缺失等挑战。因此，如何共同应对挑战，为世界发展继续贡献金砖方案，将成为金砖国家合作机制未来持续发展的重要关键。

---

① 《王受文副部长兼国际贸易谈判副代表出席2022年金砖国家经贸联络组第一次会议开幕式并致辞》，商务部网站，http://www.mofcom.gov.cn/article/syxwfb/202202/20220203283144.shtml。

② International Monetary Fund. 2023. World Economic Outlook: A Rocky Recovery. Washington, DC. April, p.13.

1.金砖国家合作机制的共同诉求

金砖国家利益的共同性和互补性、合作机制建设中取得的成绩，以及金砖共识的形成，是金砖国家合作机制能够从商业投资概念发展至合作实体机制的重要原因，这些原因既有外部的推动，但更主要的则来自金砖国家自身的合作愿望和共同诉求。

首先，从外部推力上来看，发达国家逐渐意识到金砖国家作为世界经济中的系统重要性国家在全球经济治理中不可或缺，因此在不同层面的国际场合对金砖国家也益发重视。1990年由美国发起的二十国集团财长会是新兴经济体国家财长首度开始涉足多边财经合作的重要平台。从2004年开始，七国集团开始邀请中国财长参与七国集团财长会，2005年七国集团又将邀请范围扩大至中国、俄罗斯、印度、巴西和南非的财长和央行行长。2005年八国集团峰会首度邀请中、印两国首脑参加。作为被邀请国代表参会与作为成员国代表参会的体验是完全不同的。类似的待遇和共同的心理反应，促使金砖国家代表走到一起、寻求合作。很快地，2006年金砖国家外长首次确立了年度外长会晤机制。2007年发达经济体正式启动的八国集团海利根达姆进程，进一步激发了金砖国家等新兴经济体参与高级别全球经济治理工作的积极性。两年后，金砖国家合作机制正式确立。新兴市场国家开始从财长会开始、从领导人会晤的旁观者，逐步升级成为国际经济协调和国际经贸规则的主要参与者和制定者。尽管金砖国家间形成的机制化合作并非西方主观愿望，但西方国家的确在推动金砖国家合作机制中扮演着微妙的促进作用。

其次，从内部的共同诉求来看，可以分为利益共同性和互补性、机制功能溢出效应和共同战略诉求三个部分：

一是利益共同性和互补性上，发展经济的共同任务和经济结构的互补性使金砖国家经济合作潜力巨大。金砖国家作为新兴大国，普遍面临着发展经济的共同任务。在谋求经济发展过程中，金砖国家之间因经济增长模式和经济结构具有较高同构性，经济发展和经济稳定呈现出很强的协动性；[①]同时，同一发展模式中各金砖国家的生产要素分布不均，也使其经济关系产生显著互补性和比较优势。[②]如巴西在航天、新能源等方面占有优势；俄罗斯在高科技、航空航天、生物技术等方面占领先地位；印度在软件、制造业等方面有长足发展；南非在创新、机械制造等方面独占鳌头；中国近年来在高铁、互联网技术、电子商务、移动支付、3D打印、机器人、无人机、医疗器械等方面发展迅速。[③]因此，金砖国家在资源禀赋、产业优势上的强互补性非常有利于彼此通过有效的利益分配和协调机制，实现各方利益的共同实现、和谐发展。

二是在相似的经济治理理念基础上创设的金砖国家合作机制成果已成为后续合作发展的动力来源。在过去的几十年中，国际金融机构如世界银行、国际货币基金组织推行的"华盛顿共识"在新兴市场国家的实践效果并不理想。这使得金砖国家对于西方经济政策建议的态度更为审慎。尽管金砖国家支持改革与开放，也支持市场化建设，但与"华盛顿共识"存在较大差异的是，金砖国家强调经济政策的独立自主性以及国家在经济发展中的重要性。例如雷默认为中国采用的是"北京共识"，即通过自主创新和特区实验等具有中国特色的方式推动经济政策改革。[④]巴

---

① 卢静：《金砖国家合作的动力：国际认知及其启示》，《国际问题研究》2017年第4期。

② 汤凌霄、欧阳峣、黄泽先：《国际金融合作视野中的金砖国家开发银行》，《中国社会科学》2014年第9期。

③ 王圳：《深化金砖国家间合作 应对新工业革命挑战》，《东北亚经济研究》2018年第1期。

④ 乔舒亚·雷默：《为什么要提出"北京共识"?》，俞可平、黄平、谢曙光等编著：《中国模式与"北京共识"：超越"华盛顿共识"》，北京：社科文献出版社，2006年，第78页。

西通过"逐步的私有化""有限的自由化"和"有条件的现金转移程序"等方式修正和部分采用了"华盛顿共识"。苏联激进改革派对于"华盛顿共识"的实践，导致国家经济出现大幅动荡。现在的俄罗斯已经从早先的自由市场治理转向了政府参与宏观经济治理模式。因此，相似的经济治理理念吸引之下，金砖合作这十几年来的发展通过制度创新不断得到扩大，从合作范围到合作内容再到合作水平都有了大幅的提升。如今，金砖国家已建立起涵盖经贸、金融、农业等多领域的，以领导人定期正式会晤为引领的多层次"一对一"联系渠道，形成了一个"跨政府主义"(trans-governmentalism)体系。[1]而且，随着合作领域与层次的扩大，实现了机制功能的外溢，包括在政治多极化进程、全球贸易开放、温室气体排放和反对恐怖主义等重大议题领域都实现了合作，特别是建立了金砖国家新开发银行和应急储备安排，这些制度化合作都有助于金砖国家在各发展领域不断深化战略伙伴关系。[2]

三是共同战略诉求奠定了金砖国家合作机制的动力基础。金砖五国都是所在地区的大国和领导者，对于建立一个基于多边原则、反映新兴市场国家诉求的更加合理的世界政治经济治理秩序有强烈的全球抱负。金砖国家自身对多边主义的强烈需求和世界政治、经济的外部环境促成一种压力导向，客观上推动各国强化多边合作，获取自身竞争优势。随着经济开放度和经济实力的上升，仅停留在区域性的合作机制显然无法满足金砖国家对于全球性或跨区域的治理诉求，这些区域性合作机制的存在成为金砖合作作为南南合作桥梁的重要基础。对此，奥利弗·施廷

---

① Oliver Stuenkel, "The Financial Crisis, Contested Legitimacy, and the Genesis of Intra-BRICS Cooperation," *Global Governance*, 2013(19), pp.621-623.

② Larbi Sadiki, "Multilateralism: A Big Plus for BRICS," *The BRICS Post*, October 16, 2016.

克尔指出："金砖国家的头衔增强了这些国家作为新兴经济体在国际事务中的地位，为其提供了额外的合法性和权威，有助于其国际地位得到发达国家承认。"①

2.机遇和挑战

从目前来看，金砖国家合作机制主要面临战略互信赤字风险、机制不完善导致的集体行动力下降和集体身份的缺失这三方面主要挑战。

首先，战略互信是金砖国家伙伴关系的根基。金砖五国虽然在意识形态、政治制度等方面存在差异，在一些具体问题上的利益诉求和政策主张也不一致，但在尊重彼此核心利益和重大关切方面达成的明确共识与为此而做出的努力成为彼此间建立战略互信的重要基础。然而近年来，随着中国影响力的持续增强，中美实力差距的不断缩小，美加剧对华战略竞争以维护其霸权地位，加大了对金砖国家的分化瓦解。与此同时，由于中国与其他金砖国家之间的实力差距日益拉大，个别国家的对华战略疑惧也随之增加。在此形势下，金砖国家内部信任赤字风险上升，个别国家出现在中美之间"选边站队"的迹象，使金砖国家伙伴关系受到严重威胁。例如近年来，随着中美竞争加剧，印度不断加强与美国的防务合作，开始加入美国领导的安全联盟。印度一方面与美国、日本、澳大利亚组成"四方安全对话机制"（Quad）定期举行外长会议，另一方面还与美国定期举行外长与防长的"2+2"对话会。印美之间的军事互动和防务合作使一向坚持"不结盟"外交原则的印度实质上成为美国的"防务合作伙伴"。此外，2017年的洞朗对峙和2020年的加勒万河谷冲突使中印双边关系经历严峻考验，这也凸显出金砖国家内部在一定程度上

---

① Oliver Stuenkel, *The BRICS and the Future of Global Order*, Lexington Books, 2015, pp.42–43.

存在战略互信赤字。

其次，金砖国家合作机制的不成熟与不完善导致了金砖国家集体行动力的下降。金砖国家合作机制的目标和功能定位从成立之初就不是特别清晰，且在合作模式上一直保持着论坛式的模式，虽然有其灵活性，但也意味着由于缺乏纲领性和程序性的制度文件，领导人会晤的程序、内容和成果未能体现约束性原则，使得金砖国家合作机制的稳定性存在欠缺，因此领导人的个人意志在较大程度上影响着金砖合作进程。[①]集体行动力是金砖国家团结合作的重要体现，也是其发挥影响力的重要因素。金砖国家伙伴关系不能只停留在交流、协商和达成共识上，而是要靠实际行动，要产生实际成效。习近平主席对此指出："金砖国家不是碌碌无为的清谈馆，而是知行合一的行动队。"[②]金砖国家新开发银行和应急储备安排的建立，作为金砖国家集体行动的重要体现，对全球金融治理体系改革产生了深刻影响。

然而，近年来受"逆全球化"浪潮和大国战略竞争加剧等不利外部环境影响，金砖国家的集体行动力明显减弱。例如，在世贸组织改革这一紧迫的问题上，金砖国家领导人虽然多次公开阐述金砖国家的共同立场，表示要全力支持以世贸组织为代表、以规则为基础的多边贸易体制，维护世贸组织核心价值和基本原则，敦促立即启动世贸组织上诉机构成员遴选程序，维护争端解决机制的稳定和有效运行。但在实际行动中，个别国家却更多考虑自身需要，使金砖国家的集体行动陷入一定困境。例如2019年2月，巴西拒绝联署由中国和印度等10个发展中国家提出的

---

① 王玉华、赵平：《"金砖国家"合作机制的特点、问题及我国的对策》，《当代经济管理》2011年第11期。

② 习近平：《论坚持推动构建人类命运共同体》，中央文献出版社，2018年，第468页。

针对美国改革提案的分析文件。同年3月，巴西公开表示放弃其在世贸组织中属于发展中国家的"特殊和差别待遇"，以换取美国对巴西加入经合组织的支持。巴西在世贸组织改革问题上的行为无疑大大削弱了金砖国家集体行动力。集体行动力下降不仅削弱了金砖国家的国际影响力，也对金砖国家的国际关注度产生负面影响。

最后，集体身份的缺失在很大程度上制约着金砖国家的进一步合作和机制的建设。金砖国家起始于经济概念，最亮眼的体现也是在经济表现和经济影响力上。但是哪怕是在经济层面，五国的经济异质性也是较为突出的表现，甚至有观点认为它们之间的经济互补性与其他经济伙伴国相比也未见特别。[1]再加上金砖五国在意识形态和政治制度上的差异，更进一步地增加了金砖国家在形成共同身份上的难度。金砖概念的创始人奥尼尔就曾明确指出："我从未想过金砖国家能结合成为一个政治体。"[2]更有甚者，近些年来随着中美竞合关系的发展，以美为首的西方国家也意图通过打"身份认同"牌拆解金砖国家的集体认同。如近年来美日印澳四方不仅强调四边合作是民主国家之间的合作，更是借其强化彼此所谓"印太国家"的身份认同，宣称四边合作意在构建"自由开放的印太秩序"，甚至有意打造更大范围的"印太合作网络"，重点勾连印度，力图推动印与金砖国家离心离德。通过鼓吹印度是全球发展中国家中最大的民主国家典范，宣扬印度不应与中、俄所谓"威权政治"捆绑在一起。美还设法邀请印度、巴西加入七国集团进而组建"民主十国"。在西方引诱拉拢之下，印度国内也频现印度须与金砖脱钩的声音，叫嚷

---

① 庞珣：《全球治理中的金砖国家外援合作》，北京：世界知识出版社，2016年，第17页。

② Robin Harding, Joseph Leahy and Lucy Hornby, "Emerging Economies: Taking A Stand," *Financial Times*, July 16, 2014.

印度应与西方一起捍卫民主价值体系，转向投入由民主国家组成的"印巴南"三边对话机制，顺势推动"民主十国"联盟体系的构成，结成意识形态同盟。

综上可以看到，金砖国家合作机制的形成和发展确实来源于五国的共同诉求，不仅是利益互补和共同战略诉求形成了合力，也在日益累积的机制成果上实现了功能的外溢。然而，金砖国家合作机制所面临的战略互信赤字风险、机制不完善导致的集体行动力下降及集体身份的缺失等挑战也十分严峻，如何继续寻求并扩大共同利益、有效管理内部事务、保持合作机制生命力成为未来金砖国家合作机制成长的重要任务。

二、共同体构建理论基础

推动构建人类命运共同体是中国外交的长远目标，也是引领世界发展的新理念。2013年3月，习近平主席在莫斯科国际关系学院的演讲中阐述了中国对世界形势的看法和对国际关系的立场主张，明确强调了世界的命运共同体性质。这是中国领导人第一次在国际舞台上向世界传递了对命运共同体概念的理解："这个世界，各国相互联系、相互依存的程度空前加深，人类生活在同一个地球村里，生活在历史和现实交汇的同一个时空里，越来越成为你中有我、我中有你的命运共同体。"①这种理念来源于中国传统文化，体现了一种命运与共的关系意识。正如习近平多次强调的："要树立你中有我、我中有你的命运共同体意识，跳出小圈子和零和博弈思维，树立大家庭和合作共赢理

---

① 习近平：《论坚持推动构建人类命运共同体》，北京：中央文献出版社，2018年，第5页。

念。"①因此可以说，人类命运共同体从本体论和认识论的维度为破除金砖国家在战略互信上的困境提供了理论源泉，为金砖国家合作机制的改革和构建提供了关系理性视角下的创新路径，为形成金砖国家共同体提供了行动逻辑。

1.人类命运共同体理念构筑战略互信基础

金砖国家间形成合作机制是由多方面原因共同促成，这些原因既有外部的推动，但更主要的则来自金砖国家自身的合作愿望和诉求。在百年未有之大变局的复杂情势下，金砖国家合作机制越发令世人瞩目。与此同时，金砖国家也面临着战略互信赤字、合作机制不成熟、集体身份缺失等挑战，因此如何共同应对挑战，为世界发展继续贡献金砖方案，将成为金砖合作未来持续发展的重要关键。

当然，不乏有声音反映金砖国家之间在经济竞争性上的利益冲突。但是，不同国家之间的资源禀赋必然存在差异，比较优势的存在也必然会为各方的合作带来契机。因此，合作的基础是一定存在的，最重要的是战略互信基础的构筑。推动构建人类命运共同体是中国外交的长远目标，也是引领世界发展的新理念，推动提升国家之间的信任关系、化解分歧与矛盾，深化金砖国家伙伴关系和拓展合作领域的重要基础。

一方面，人类命运共同体所形塑的"和合"理念为我们树立正确的世界秩序观奠定了基础。人类命运共同体理念是中国对于"世界怎么了、我们怎么办"②的思考，是关于全球秩序的一套系统构想，囊括了非权力

---

① 习近平：《在第七十五届联合国大会一般性辩论上的讲话》，《人民日报》2020年9月23日。

② 《习近平谈治国理政》（第二卷），北京：外文出版社，2017年，第537页。

中心主义的"国家观、安全观、发展观、文明观、生态观"①。一味追求狭隘的国家利益的行为既不符合国际伦理和责任，也难以实现，因为在资本、信息、技术和人员高速跨国流动的全球化时代，国家之间早已是"你中有我、我中有你"的深度相互依存状态。各国政策联动效应显著，以邻为壑、零和博弈的国际关系思维早已不符合当前国际社会的现实。自威斯特伐利亚体系形成以来，一系列建立在欧洲国家体系基础上的国际秩序原则、制度和背景早已不适应世界发展的需求——立足于此的全球公共物品霸权供给模式也确实存在重大理论缺陷。换而言之，全球公共产品的供给应该具有全球性视角和对人类共同利益的关怀，而不是仰赖霸权国提供公共产品，更不应将公共产品"私物化"。曾经推动了世界政治稳定和经济发展的不列颠霸权和美国霸权模式下的公共产品体系早已无法适应复杂相互依赖的世界。有别于传统秩序观将秩序构建归功于霸权国或特定的强国集团，人类命运共同体理念推动的全球秩序的构建取决于它的核心观念、规则和背景在多大程度上由最大多数人共建和共享。②这种立足于共商、共建、共享的公共产品供给模式能够破解落后的霸权供给模式。

另一方面，立足于"共商、共建、共享"的人类命运共同体理念为金砖国家合作机制供给公共产品贡献了新规范。"共商"强调参与公共产品供给各方应该相互尊重、民主协商，因此公共产品提供的全过程应该尽可能多地兼顾各方利益，而不是反映公共产品的霸权供给国的利益诉求。"共建"是指参与各方发挥各自的比较优势和潜能，共同参与到公共

---

① 张宇燕主编：《习近平外交思想研究》，北京：中国社会科学出版社，2019年，第121—122页。

② ［加］阿米塔·阿查亚：《建构全球秩序——世界政治中的施动性与变化》，姚远、叶晓静译，上海：上海人民出版社，2021年，第9页。

产品的供给之中，即便是传统意义上的"小国"也能在公共产品供给中发挥与自身能力相匹配、特定优势领域中的特殊功用。最后，"共享"理念在空间上凸显的是公共产品的非排他性，尽可能多地惠及更多民众——2017年厦门会晤上"金砖+"合作理念的提出就是最好的例证；在时间指向上更是跨越了代际，这种"共享"还包括与后代的共享，强调可持续性的发展资源。

可以说，人类命运共同体理念解构了建立在西方个体本位上的自由主义霸权思想，将全人类的共同利益重新带回理论视野，将个人与人类有机结合在一起。[1]这一理念既吸收了中国传统文化中的"和合"理念，也继承了马克思主义强调的人本立场。国际秩序或全球秩序的合法性取决于它的代表性和参与度，[2]只有能够更多地"共商共建共享"，这样的全球公共产品才能最广泛惠及更多民众，也才能够获得最坚实的合法性。

2.关系理性视角下的制度创新路径

随着经济全球化和相互依赖关系的复杂化，现有的国际组织和国际规则在应对部分旧问题与新挑战时往往表现得效率低下、效果欠佳，甚至出现供给赤字。[3]这本质上是因为立足于西方价值观所建立的传统的国际规范和制度功能核心在于界定各行为体（主要是国家）之间的权利与义务，因此着眼点则是现有的利益分配和权利划分。但是，正如奥兰·扬所指出的人类世的到来，必然使得人类社会现存的手段及机制难以应对地球生物物理系统与人类经济社会系统之间的日益复杂关系，会出现

---

[1] 田旭：《人类命运共同体与全球治理民主化的中国方案》，《党政研究》2019年第6期。

[2] Chayes and Chayes, *The New Sovereignty: Compliance with International Regulatory Agreements*, Cambridge, MA: Harvard University Press, 1995, 41.

[3] 田旭、徐秀军：《全球公共产品赤字及中国应对实践》，《世界经济与政治》2021年第9期。

所谓的"配适性难题"。"解决人类世的问题需要创建并实施具有创新特征的引导机制，这种机制在一些重要的方面与我们先前经验中所熟悉的方式是迥然不同的。"①习近平外交思想指引下的金砖合作倡导的国际规范和制度理念，虽然仍以国家行为体作为国际社会的主要行为体，但是与西方传统的个体理性范式不同，立足于关系理性、继承了中华优秀传统文化的人类命运共同体理念在以下两点上为金砖国家合作机制提供了创新路径。

首先，基于关系理性的制度创新着重于共同责任下各自责任的界定与分担。从关系理性的视角来看，世界政治行为体之间的互动不仅仅是经济性互动，还具有社会性互动——这种社会性互动将塑造并改变关系，形塑行为体的角色身份，形成他者对其行为的预期，包括对于他者意图与可能产生反应的理解即"共情"。②因此，基于关系理性的行为体既要考虑"利"，也要考虑"义"，体现在制度创设中那就是对共同责任和国际伦理的考量。这种对"义"的关注并不是一种理想主义的范式，而是强调国际互动的社会性。就国际现实来看，当今世界各国的利益早已无法与全球共同利益进行完全的分割，个体利益与共同利益相互交织，对始终处于关系网络中的国家行为体互动的社会性的强调，必然推动构建一种注重长期共存与伦理作用的全球新秩序。在此基础上，习近平提出了包括金砖国家外长会晤、安全事务高级代表会议，以及反恐工作组、网络安全工作组、常驻多边机构代表定期磋商等机制，通过密切战略沟通和协作，协调各方的利益，不称霸、不自利，而是从社会性角度关注集体的共同利益，清楚传递出金砖共同声音，推动国际秩序朝着更加公

---

① ［美］奥兰·扬：《复合系统：人类世的全球治理》，杨剑、孙凯译，上海：上海人民出版社，2019年，第3页。

② 季玲：《关系性安全与东盟的实践》，《世界经济与政治》2020年第9期。

正合理的方向发展。

其次，基于关系理性的制度创新立足于人类社会整体，着眼于未来，构建能够促进共赢（多赢）的规则体系，以国际关系民主化的方式构建新的制度体系。"世界命运应该由各国共同掌握，国际规则应该由各国共同书写，全球事务应该由各国共同治理，发展成果应该由各国共同分享。"①在这种理念下设计的金砖国家合作机制既是基于现实需要设立的，也是由所涉国家共同分享的，由此国际关系民主化的进程才能真正得以实现。在人类命运共同体下，国际社会将基于国际关系民主化的现实和共商共治的方式，致力于应对和解决全人类面临的挑战，实现国际规则制定权的民主分配，这也是多边主义的本质属性。"多边主义的要义是国际上的事由大家共同商量着办，世界前途命运由各国共同掌握。"②鉴于全球性问题的日益凸显，以及国家平等和合作共赢理念的深入内化，权力的政治性将大为弱化，这也是为什么人类命运共同体理念能够得到越来越多国家和国际组织的认可，多次被写入联合国有关决议。③

因此，关系理性可以为破解合作困境和霸权竞争思维提供制度创新的路径。需要强调的一点是，在重视社会性和共同利益的关系理性路径下，新制度的创设是现有制度的有益补充，又与现存制度相容。比如中国主导成立的亚洲基础设施投资银行（亚投行）、丝路基金和金砖国家新开发银行等新机制，所关注和合作的重点是现有机制如世界银行等长期忽视全球和亚洲区域基础建设资金缺口的经营理念和行政效率，因此通

---

① 习近平：《共同构建人类命运共同体——在联合国日内瓦总部的演讲》，《人民日报》2017年1月19日。

② 习近平：《让多边主义的火炬照亮人类前行之路——在世界经济论坛"达沃斯议程"对话会上的特别致辞》，《人民日报》2021年1月26日。

③ 《"构建人类命运共同体"首次写入联合国决议》，《人民日报》2017年2月12日。

过为基础设施建设融资，弥补了全球公共产品的供给缺口，同时又在机制上与现有制度相容，共同维护了现有制度的全球规范。而像金砖国家新开发银行这样的创新机制，虽然主要面向参与成员国，但其在业务上并不排斥其他国家和国际组织参与，是一个聚焦发展合作，以推动新兴市场国家和发展中国家民众发展事业为愿景的机制。同时，这些机制与现行国际发展机制之间并不矛盾，在功能上具有互补性和相容性。

3.以行动共识推进人类命运共同体

以人类命运共同体理念为基础，以关系理性为路径，世界政治行为体在社会性互动中能够形成共同感，进一步促进"命运共同体一员"的身份认同的形成。互动不仅塑造个体身份，也塑造共同身份，而共同身份形成的前提是共同感的产生。①这种共同感既来源于追寻和维护共同利益的经历，也形成于共同行动中。

首先，共同利益奠定了共同行动的基础，为共同感的形成营造基本的外部条件。我们必须客观面对一个事实，那就是全球性问题如气候变化、经济发展、恐怖主义、国际公共卫生事件等是世界政治体都无法逃离且无法单独解决的共同挑战。在这些问题上，世界各国一定是存在共识和共同利益的。正如习近平主席在第75届联合国大会一般性辩论时的讲话中强调指出的："任何国家都不能从别国的困难中谋取利益，从他国的动荡中收获稳定。如果以邻为壑、隔岸观火，别国的威胁迟早会变成自己的挑战。"②因此，共同感必然在共同面对这些挑战的共同经历中产生，由此而产生的情绪价值将会对进一步塑造共同体意识和身份提供凝

---

① 郭树勇、于阳：《全球秩序观的理性转向与"新理性"——人类命运共同体的理性基础》，《世界经济与政治》2021年第4期。

② 习近平：《在第七十五届联合国大会一般性辩论上的讲话》，《人民日报》2020年9月23日。

聚力。

其次，互利共赢的共同行动塑造共同身份。如上所说，世界政治行为体的共同利益在面对共同挑战时得以凸显。为了维护共同利益，行为体在合作互动中产生的"共同协作者"的现实体验增强了共同感。①反之，在面对共同挑战时，如果以邻为壑、隔岸观火，那这种共同经历下的互动实践显然构建的只能是零和博弈的自然状态，是霍布斯式的无政府文化得到强化的内化的恶性循环。因此，以人类命运共同体为理念指导的行为体互动实践，是构建基于主权平等和相互尊重的国际制度与国际规范的重要基础，国家之间逐渐形成一套解决重大问题的多边主义规则与机制，将进一步内化人类命运共同体作为主流价值观的地位，着眼于未来长远利益的"义利观"将越来越成为世界政治的主流规范。

正如习近平主席在金砖国家领导人第十四次会晤上指出："金砖国家应该在涉及彼此核心利益问题上相互支持，践行真正的多边主义。"②在面临共同挑战之时，人类命运共同体理念可以破解合作困境和霸权竞争思维，以关系理性的视角为金砖国家合作机制的制度创新提供路径，在开放包容、互利共赢的共同行动中，金砖国家共同体意识和身份也会逐渐形成，而这正是构建人类命运共同体的重要保证。

三、金砖国家共同体构建的实践路径

截至2022年6月，金砖国家已举行14次领导人会晤，在众多议题上

---

① 郭树勇、于阳：《全球秩序观的理性转向与"新理性"——人类命运共同体的理性基础》，《世界经济与政治》2021年第4期。

② 习近平：《构建高质量伙伴关系 开启金砖合作新征程——在金砖国家领导人第十四次会晤上的讲话》（2022年6月23日），新华网，http://www.news.cn/world/2022-06/23/c_1128770800.htm。

达成重要共识，取得重大成果。除了外长会议和领导人会晤以外，金砖国家合作机制的合作层面也在不断得到充实，已经从政治性会晤扩展到功能性领域的探讨，如税务局长会议、农业部长会议等；也不再局限于政府间的会晤，包括金砖国家新青年论坛、金砖国家大学联盟等非政府性质的社会交流也得到了拓展；更重要的是从会晤性机制到正式合作机制的建立，最典型的是金砖国家开发银行。金砖国家合作机制确实是从上往下、从政府间到社会层面的领域合作乃至制度化进行了夯实和拓展，但是，金砖国家作为一个重要的国际性多边合作平台，并不仅局限于此。金砖国家的合作打破了世界政治经济秩序由发达国家主导的历史格局，为发展中国家的经济合作、共同发展、构建更加公平正义的全球政治经济新秩序开辟了可行之路。从实践层面来看，在习近平外交思想指引下，金砖国家共同体的构建可以通过利益共同体—机制共同体—命运共同体的发展方式螺旋上升，为推动人类命运共同体建设做出重要贡献。

1.利益共同体

共同应对日益严峻的全球性挑战是金砖国家参与合作和机制建设的共同利益基础，如何扩展和深化利益交汇点是构建金砖国家利益共同体的重要前提。金砖国家利益的共同性和互补性、合作机制建设中取得的成绩，以及金砖共识的形成是金砖国家合作机制能够从商业投资概念发展至合作实体机制的重要原因。这些原因既有外部的推动，但更主要的则来自金砖国家自身的合作愿望和共同诉求，概括为以下三点：一是金砖国家之间在经济结构上具有互补性，经济合作空间巨大；二是相似的经济治理理念基础上创设的金砖国家合作机制成果已成为后续合作发展的动力来源；三是金砖五国都是所在地区的大国和领导者，对于建立一个基于多边原则、反映新兴市场国家诉求的更加合理的世界政治经济治理秩序有强烈的全球抱负，共同的战略诉求奠定了金砖国家合作的动力基础。但与此同时，在世界经济缓慢增长和国际秩序迭代的过程中，金砖国家之间也不乏竞争性。在此背景下，2018 年金砖国家约翰内斯堡会晤提出的构建金砖国家新工业革命伙伴关系至关重要。

一是以新工业革命为契机进一步拓宽合作领域。金砖国家已经签订了诸如《金砖国家经济伙伴战略 2025》《金砖国家遥感卫星星座合作协定》《金砖国家电子商务合作框架》《可持续发展合作和联合融资多边协议》《非洲基础设施联合融资多边协议》等多项合作协议，在这些政府层级协议的指导下，落实、落地相关政策，把握住新工业革命浪潮的契机，以合作优势互补的方式推进科技层面的合作会是奠定金砖国家利益共同体的坚实基础。包括数字金砖、科研和人才合作等各个新兴领域的发展，金砖国家都可以立足各自的比较优势，最大程度把握新工业革命的机遇。

二是以加强金砖国家合作的质量，以科技治理为利益切入点创建利益共同体。习近平主席在金砖国家领导人第十四次会晤上提出："要推动完善全球科技治理，让科技成果为更多人所及所享。"[①]与以往的几次科技革命和产业变革不同，在新一轮科技革命和产业变革中，虽然仍以美国为代表的发达国家为带头，但中国、印度等新兴市场国家也有突出的表现，包括中国在内的具有一定工业基础的发展中国家都在积极广泛地参与其中，是这一轮工业革命相较之前几轮工业革命最大的特点。因此，金砖国家合作可以科技治理为利益切入点，进一步密切合作，以科技和经济为切入点，扩大合作交流的领域，推动缓解和协调双边关系中的问题和摩擦。金砖国家完全可以通过发挥各自所长，构建某种科技创新联合体，进一步相互开放推动技术突破，以科技为共同利益的基础切入点

---

① 习近平：《构建高质量伙伴关系 开启金砖合作新征程——在金砖国家领导人第十四次会晤上的讲话》（2022 年 6 月 23 日），新华网，http://www.news.cn/world/2022-06/23/c_1128770800.htm。

构建利益共同体。

2.机制共同体

虽然金砖国家的概念源起于经济领域，但是随着金砖国家合作机制的不断拓展和制度化，金砖国家的合作不仅开始向经济领域以外延伸，也在逐步推进发出发展中国家的集体声音，为建立一个更加公平正义的国际政治经济秩序而努力。机制的完善是金砖国家合作进程的一个主要亮点，更重要的是，这些机制平台所支撑的讨论、决定正在转化为实际行动，推动金砖国家合作机制成为新兴市场国家和发展中国家合作的创新平台，成为全球治理进程的重要参与者。从制度层面来看，金砖国家合作机制可以向机制共同体的方向发展，进一步提升全球公共产品的合法性。

一是以现有的机制创新成果为桥梁，扩大机制的覆盖面和提升机制的层次。如金砖国家新开发银行等新机制是金砖国家为解决全球和亚洲区域基础设施建设存在巨大资金缺口而为全球发展机制补充的新鲜血液。金砖国家新开发银行在股权分配上强调平等，侧重于维护发展中国家的用款权利，强调采用借款国的环境和社会的"国家标准"以提升借款国的能力建设和发展有效性。[1]这就在很大程度上既强调发展中国家权益，也提升了全球公共产品的可及性。可以成为现行国际发展机制和全球公共产品的有效补充。

二是在功能定位上，金砖国家合作机制的建设应更多注重创建制度型的全球公共产品，为全球公共产品供给提供增量。多边主义的要义是

---

① NDB General Strategy： 2017-2021, https://www.ndb.int/wp-content/uploads/2017/07/NDB-Strategy-Final.pdf.

国际上的事由大家共同商量着办，世界前途命运由各国共同掌握。[①]因此，金砖国家合作机制的贡献并不是简单地为全球公共产品提供多一个选择，而是提供一个在人类命运共同体视域下的共商共治新模式，致力于应对和解决全人类面临的挑战，致力于实现国际规则制定权的民主分配。现有的多边组织和机制并非完美无缺，诸如世界贸易组织、世界银行、国际货币基金组织等都是美国霸权之下的利益反馈，正如考克斯所言："国际制度使适用于维护世界权力结构的规范普世化了，权力结构正是通过对这些制度的支持来维持自身。"[②]虽然这套制度曾经带领过自由贸易体系的繁荣，但都存在与新的国际发展变化不适应、不契合的矛盾，并且益加凸显。因此，以金砖国家合作机制为平台的多边治理机制将会是发展中国家在新工业革命发展阶段难得的机遇。

3.命运共同体

以人类命运共同体理念为指导，强化金砖国家的集体身份认同将有助于提升金砖国家以及新兴经济体的国际话语权。如前提到，以金砖国家为代表的新兴经济体的共同诉求之一是倡导更加民主和多元的国际经济体系，基于共同诉求发出的集体声音得到共识和理念的指引就能够更好地形成和塑造集体身份和认知。

一是以"金砖+"合作模式拓宽金砖国家合作机制的多元属性，以行动促进共识，实现物质层面的共同体意义。当今世界的多极化趋势是国际体系转型的核心特点，这就意味着除了以金砖国家为代表的非西方集体声音，还存在诸如上海合作组织、东盟、二十国集团等区域关系或合

---

① 习近平：《让多边主义的火炬照亮人类前行之路——在世界经济论坛"达沃斯议程"对话会上的特别致辞》，《人民日报》2021年1月26日。

② Robert W. Cox, "The Crisis of World Order and the Problem of International Organization," *International Fournal*, 1980, 35(2), p.370.

作机制与金砖国家内部成员的交叉关系，这就意味着在不同情况下，金砖国家成员国可能面临不同集团或多边合作平台对国际秩序的不同主张，有可能出现价值或利益的矛盾甚或冲突。在此情况下，金砖国家合作应以金砖国家合作机制为平台，既通过"金砖+"的模式拓宽朋友圈，也应与其他多边平台、区域合作等建立更加广泛的合作，以行动共识来推进命运共同体的构建。正如习近平指出："金砖国家不是碌碌无为的清谈馆，而是知行合一的行动队。"①因为从本质上来说，金砖国家命运共同体超越了传统的共同体所具有的地域特征，是涵盖了政治、经济、安全、人文等各领域务实合作的开放平台，那就更应该以开放包容的姿态更多地参与到全球治理之中，以行动促进共识。比如，在世界经济增长乏力、全球发展动能不足的背景下，通过"一带一路"倡议主动对接参与国的基础设施发展需求，吸引越来越多的国家和组织参与到亚投行、新开发银行等合作机制中，还可以与俄罗斯的欧亚经济联盟、哈萨克斯坦的"光明之路"、蒙古国的"发展之路"、越南的"两廊一圈"、波兰的"琥珀之路"和英国的"英格兰北方经济中心"等国家相关发展战略进行对接，②进一步拓展金砖国家合作机制的全球影响力和覆盖度，为金砖共同体的塑造奠定行动基础。在这个进程之中，习近平外交思想所倡导的"合作共赢""多予少取、先予后取、只予不取"等义利观，以及"欢迎各国人民搭乘中国发展的'快车''便车'"③的开放态度也将通过制度建设得以展现，提升"一带一路"相关合作理念的吸引力，"共商共建共享"将成为相关制度设计的行为规范，构建人类命运共同体朝着建设

---

① 习近平：《共同开创金砖合作第二个"金色十年"——在金砖国家工商论坛开幕式上的讲话》，《人民日报》2017 年 9 月 4 日。

② 《习近平谈治国理政》（第二卷），北京：外文出版社，2017 年，第 509 页。

③ 《习近平谈治国理政》（第二卷），北京：外文出版社，2017 年，第 484 页。

"持久和平、普遍安全、共同繁荣、开放包容、清洁美丽的世界"①的目标迈进。

二是通过情感共鸣点塑造情感价值。全球化时代的国家间相互依存加深，日益增多的全球性问题与挑战正在威胁着整个人类的生存与发展，世界各国间客观上已经形成一种休戚与共的命运共同体。一方面，金砖国家早已深度融入现行国际体系，同时作为迅速崛起的新兴大国群体，在世界秩序重构中的角色与作用备受关注。正如习近平主席在2020年9月以视频方式会见联合国秘书长安东尼奥·古特雷斯（António Guterres）时强调的："世界上只有一个体系，就是以联合国为核心的国际体系；只有一套规则，就是以联合国宪章为基础的国际关系基本准则。"②因此，坚定维护现行世界秩序的核心原则和价值理念是金砖国家合作机制的重要前提。另一方面，基于共同诉求寻找解决全球治理难题和挑战的志同道合的金砖国家也必将发出集体的声音，利益和制度创设是必然的诉求，但其本身并不必然导致共同身份的塑造。就这个意义而言，金砖国家共同体的构建就需要寻求一个形而上的价值支点：构建人类命运共同体占据了人类道义的制高点，符合人类对道义的追求，也为金砖国家共同体构建奠定了情感共鸣点的生成基础。国际关系理论研究早已确证了情感的价值，包括美国在内的西方大国也在使用诸如"民主"等情感价值来凝聚盟友。如所谓的"自由开放的印太秩序"就是意图通过情感价值的塑造，即以所谓的"民主"身份的认同来拉拢印度，从而使印度与金砖国家拉开距离。因此，以构建人类命运共同体为指导的金砖国家共同体可以探索超越传统的政治集团合作机制，寻求新型合作机制的集体身份，

---

① 《习近平出席"共商共筑人类命运共同体"高级别会议并发表主旨演讲》，《人民日报》2017年1月20日。

② 《习近平会见联合国秘书长古特雷斯》，《人民日报》2020年9月24日。

如以新工业革命伙伴关系为切入点，突出在新工业革命中合作共赢的共同诉求，强调伙伴关系的共商共建共享，通过情感共鸣点实现情感价值基础上的集体身份构建。

总之，习近平外交思想既富含对金砖共同体构建进行宏观指导的理论基础，也具备现实适用的操作性建议。当前，面对发展过程中金砖国家合作面临的战略互信缺失、合作机制不成熟与不完善和集体身份缺失等挑战，未来可以从利益共同体、机制共同体和命运共同体三个层次进行着力：以新工业革命为契机，探索科技合作的利益共同体构建来弥合战略互信；以机制创新为桥梁，探索机制功能的突破和范围的扩大完善金砖国家合作机制的现有框架；以行动推动共识的形成，重视情感价值的构建来实现集体身份的塑造。

未来，金砖国家合作机制就不仅仅是一个多边治理的平台、一个新兴发展中国家发出声音的舞台，也是以伙伴关系为基础、呈现新的国际价值和道德观的共同体模式。

第四章　金砖创新基地建设

金砖创新基地体现了2017年9月《金砖国家领导人会晤厦门宣言》精神。作为金砖国家领导人厦门会晤的重要成果之一，金砖创新基地"是以习近平同志为核心的党中央，赋予福建省、厦门市的光荣使命和重大责任"[①]。在习近平主席寄予的深切关怀与厚望重托下，在工信部、福建省、厦门市等单位的共同建设下，金砖创新基地自正式启动以来，明确建设目标，勇于担当使命，立足"国家所需、福建厦门所能、金砖国家所愿"，聚焦政策协调、人才培养、项目开发三大重点合作领域，务实推动金砖国家新工业革命领域合作。在短短几年时间里，金砖创新基地建设速度迅猛而成果丰硕，现已成为赋能新时期厦门经济特区建设与城市国际化的新窗口及金字招牌。金砖创新基地作为金砖合作落地实践及在地方层面推进的成功典范，深刻诠释了习近平外交思想的高瞻远瞩与实践指导价值。

---

① 黄茂兴主编：《金砖国家新工业革命伙伴关系创新基地发展报告（2021）》，北京：社会科学文献出版社，2022年，第6页。

一、战略定位

在习近平外交思想中，"'金砖+'合作是中国特色大国外交中的一项重要战略举措。金砖创新基地是在习近平主席的倡议与推动下创建。建设厦门金砖创新基地是习近平主席着眼全局、面向未来发出的重大倡议，是推进落实金砖国家新工业革命伙伴关系的重要举措，为金砖合作第二个'金色十年'开辟了新方向、新征程、新领域"[①]。

1.践行金砖合作的实体平台

金砖创新基地是践行金砖合作的实体平台。作为"金砖+"合作最有力的促进者和推动者，习近平主席多次在金砖国家领导人会晤上表达了对务实推进"金砖+"合作的看法，在其历次重要发言中，习近平主席都对国际局势作出深刻预判，倡议"金砖+"合作要抓住新工业革命机遇、迎接挑战，共同推动全球治理体系的改革和完善，不断增强金砖国家的话语权和代表性。习近平主席敏锐洞察世界局势深刻变革的逻辑与方向，看到新兴经济体寻求更加公平合理国际经济秩序的共同愿景，以及以科技创新合作为特色的第四次新工业革命带来的巨大机遇。自2017年金砖国家领导人厦门会晤以来，习近平主席在历次金砖国家领导人会晤上发表的重要讲话中，不断呼吁保护多边主义，务实推进"金砖+"经济合作和金砖国家新工业革命伙伴关系建设，提升金砖国家参与全球治理的代表性与话语权。金砖创新基地从倡议到落地实践，凝聚着习近平主席的心血，承担着习近平主席的厚望重托，是最能践行与发扬习近平外交思想的平台载体。

---

① 《金砖国家新工业革命伙伴关系创新基地》，厦门市金砖办，2022年工作资料。

2.习近平主席倡议与推进的合作平台

金砖创新基地是由习近平主席亲自推动创建的国际合作平台。2017年9月4日，金砖国家领导人第九次会晤在厦门举行，习近平主席发表题为"深化金砖伙伴关系 开辟更加光明未来"的重要讲话。习近平主席表示，世界格局发生了许多深刻复杂变化，在这一背景下，金砖合作显得更加重要，要全面深化金砖伙伴关系，开启金砖合作第二个"金色十年"。其中，他特别强调应该务实推进金砖经济合作，"紧紧围绕经济务实合作这条主线，在贸易投资、货币金融、互联互通、可持续发展、创新和产业合作等领域拓展利益汇聚点"[①]。在会晤发表的《金砖国家领导人厦门宣言》中，也响应了习近平主席的呼吁，强调"经济务实合作一直是金砖合作的基础，特别是落实《金砖国家经济伙伴战略》以及在贸易投资、制造业和矿业加工、基础设施互联互通、资金融通、科技创新、信息通信技术合作等优先领域的倡议"，并重申"致力于工业领域合作，包括产能和产业政策、新型工业基础设施与标准、中小微企业等，共同抓住新工业革命带来的机遇，加速金砖国家工业化进程"。同日，金砖国家领导人同工商理事会对话会在厦门召开，对话会后，金砖五国领导人还见证了《金砖国家经贸合作行动纲要》《金砖国家创新合作行动》《金砖国家海关合作战略框架》《金砖国家工商理事会与新开发银行关于开展战略合作的谅解备忘录》4个合作文件的签署。正是2017年金砖国家领导人厦门会晤的成功举办，种植下了金砖创新基地的种子，习近平主席在此次领导人会晤上的重要发言、会晤发表的《金砖国家领导人厦门宣言》和其间签署的文件成果，已酝酿着让金砖创新基地的种子生根发芽

---

① 《习近平在金砖国家领导人厦门会晤大范围会议上的讲话（全文）》（2017年9月4日），中国政府网，https://www.gov.cn/xinwen/2017-09/04/content_5222573.htm。

的土壤、阳光与水。

2018年7月25—27日，金砖国家领导人第十次会晤在南非约翰内斯堡举行。7月25日习近平主席出席金砖国家工商论坛并发表题为《顺应时代潮流 实现共同发展》的重要讲话。在讲话中，习近平主席提出："当今世界正面临百年未有之大变局……对广大新兴市场国家和发展中国家而言，这个世界既充满机遇，也存在挑战。"他呼吁："要在国际格局演变的历史进程中运筹金砖合作，在世界发展和金砖国家共同发展的历史进程中谋求自身发展"，在"'金色十年'里实现新的飞跃"，进而强调"未来10年，将是世界经济新旧动能转换的关键10年。人工智能、大数据、量子信息、生物技术等新一轮科技革命和产业变革正在集聚力量，催生大量新产业、新业态、新模式，给全球发展和人类生产生活带来翻天覆地的变化。我们要抓住这个重大机遇，推动新兴市场国家和发展中国家实现跨越式发展"。①习近平主席的这次重要发言，直接将推进新工业革命伙伴关系的重要性凸显出来。此次金砖国家领导人约翰内斯堡会晤也围绕"金砖国家在非洲：在第四次工业革命中共谋包容增长和共同繁荣"主题，就金砖合作及共同关心的重大国际问题深入交换看法，达成广泛共识。会晤发表的《金砖国家领导人第十次会晤约翰内斯堡宣言》，紧扣新工业革命伙伴关系建设，强调"推动金砖国家关于全球经济复苏、全球经济金融治理机构改革，以及第四次工业革命的伙伴关系"，并高度评价"建立金砖国家新工业革命伙伴关系，这是金砖国家工业部长会和科技创新部长会的重要成果，契合本次金砖国家领导人会晤对第四次工业革命的重视"，还宣布"将启动新工业革命伙伴关系的全面运

① 《习近平在金砖国家工商论坛上的讲话（全文）》，中国政府网，https://www.gov.cn/xinwen/2018-07/26/content_5309266.htm。

作，成立由五国工业部门及有关部门代表组成的咨询小组。作为先期工作，咨询小组将根据第四次工业革命的重点领域，制定伙伴关系任务大纲和工作计划提交主席国"。宣言还表示："新工业革命伙伴关系旨在深化金砖国家在数字化、工业化、创新、包容、投资等领域合作，最大程度把握第四次工业革命带来的机遇，应对相关挑战。"①

在金砖国家领导人第十次会晤中，习近平主席重要讲话及《约翰内斯堡宣言》中，关于维护多边主义及启动新工业革命伙伴关系建设的论述，体现了习近平外交思想指引下的金砖合作研究对世界局势预判的前瞻性与洞察性，也彰显了建立金砖创新基地这样一个务实推进金砖国家新工业革命伙伴关系的实体机构的必要性。

2019年11月15日，习近平主席出席金砖国家领导人第十一次会晤，发表题为《携手努力共谱合作新篇章》的重要讲话，强调金砖国家要展现应有责任担当，倡导并践行多边主义，营造和平稳定的安全环境；把握改革创新的时代机遇，深入推进金砖国家新工业革命伙伴关系；促进互学互鉴，不断拓展人文交流广度和深度。在讲话中习近平主席表示，中国将坚持扩大对外开放，推进高质量共建"一带一路"，努力推动构建亚太命运共同体和人类命运共同体。其中，习近平主席特别强调，新科技革命和产业变革方兴未艾，新兴市场国家和发展中国家的崛起势头不可逆转，为全球经济治理体系变革注入强劲动力，"应该深入推进金砖国家新工业革命伙伴关系，在贸易和投资、数字经济、互联互通等领域不断打造合作成果，努力实现高质量发展"②。在2019年金砖国家工商论

---

① 《金砖国家领导人第十次会晤约翰内斯堡宣言（全文）》（2018年7月27日），https://baijiahao.baidu.com/s?id=1607085378067320918&wfr=spider&for=pc。

② 《习近平出席金砖国家领导人第十一次会晤并发表重要讲话》（2019年11月15日），https://www.gov.cn/xinwen/2019-11/15/content_5452192.htm。

坛闭幕式上，习近平主席发表讲话还指出："金砖国家新工业革命伙伴关系是下阶段金砖经济合作的一个重要抓手。要敢于先行先试，将企业合作同新工业革命伙伴关系结合起来，争取在创新、数字经济、绿色经济等领域拿出更多亮眼成果，助力五国经济实现高质量发展。"[①]此次会晤以"金砖国家：经济增长打造创新未来"为主题，会晤发表的《金砖国家领导人第十一次会晤巴西利亚宣言》表示，金砖国家"认识到新工业革命是至关重要的发展机遇，所有国家都应从中平等获益，同时意识到它带来的挑战"，"在落实领导人约翰内斯堡会晤关于启动金砖国家新工业革命伙伴关系全面运作的决定方面取得的进展"，宣布"通过新工业革命伙伴关系工作计划和新工业革命伙伴关系咨询组工作职责"，并"根据2019年9月在巴西举行的第二次金砖国家新工业革命伙伴关系咨询组会议通过的工作计划，将继续在工作计划确定的6个合作领域开展互利合作项目，包括建立金砖国家工业园和科技园、创新中心、技术企业孵化器和企业网络等"。[②]习近平主席的重要发言和《巴西利亚宣言》，已勾勒出金砖创新基地建设的政策协调、人才培养、项目开发三大任务雏形。

3.习近平主席元首外交的重要果实

金砖创新基地的创建是习近平主席首脑外交的重要果实。金砖创新基地从无到有，从其顶层设计到其在国际场域的倡议与推介，无不凝聚着中方的努力与心血。在2020年11月17日的金砖国家领导人第十二次会晤上，习近平主席强调："中方愿同各方一道加快建设金砖国家新工业

---

① 赵成、颜欢：《习近平出席金砖国家工商论坛闭幕式并发表讲话》，《人民日报》2019年11月15日。

② 《金砖国家领导人第十一次会晤巴西利亚宣言（全文）》（2019年11月15日），新华社，https://www.gov.cn/xinwen/2019-11/15/content_5452209.htm。

革命伙伴关系。我们将在福建省厦门市建立金砖国家新工业革命伙伴关系创新基地，开展政策协调、人才培养、项目开发等领域合作，欢迎金砖国家积极参与。"①习近平主席的倡议得到了金砖国家的积极响应，《金砖国家领导人第十二次会晤莫斯科宣言》中提出："我们注意到中国关于建立金砖国家新工业革命伙伴关系创新基地的倡议。"②同年12月8日，由工业和信息化部、厦门市人民政府、金砖国家智库合作中方理事会共同主办的2020金砖国家新工业革命伙伴关系论坛在厦门举办，在金砖五国代表共同见证下，金砖创新基地正式启动。这一倡议开始在厦门落地实践。

可以说，正是习近平主席在历次金砖国家领导人会晤重要讲话中不断倡议与推动，才有金砖创新基地的创建。金砖创新基地是我国元首外交的突出成果，是践行习近平外交思想指引下的金砖合作的重要载体。

综上所述，从2017年9月金砖国家领导人第九次会晤成功在厦门举办，到2020年12月金砖创新基地正式启动，凸显金砖创新基地的战略定位，就是要承载习近平主席的厚望重托，践行习近平外交思想指引下的金砖合作研究，为国家战略服务，为福建厦门发展赋能。

二、建设目标与使命

2018年金砖南非约翰内斯堡会晤上，与会代表均认同建立伙伴关系关乎金砖国家在未来世界经济格局中的地位，具有战略意义。金砖创新

---

① 《国家主席习近平在金砖国家领导人第十二次会晤上发表重要讲话》（2020年11月17日），中国政府网，https://www.gov.cn/xinwen/2020-11/17/content_5562087.htm。

② 《金砖国家领导人第十二次会晤莫斯科宣言：重申坚持多边主义和多边贸易》（2020年11月18日），中国新闻网，https://baijiahao.baidu.com/s?id=1683670589981122696&wfr=spider&for=pc。

基地，是为了促进金砖国家新工业革命伙伴关系而创建，其战略目标已在其名字中有所直接体现。

1.金砖创新基地建设目标

促进金砖国家新工业革命伙伴关系的战略目标可细化为以下五个方面：一是加快数字化转型，包括开展ICT联合研发和创新，提升信息基础建设互联互通水平，支持中小企业数字化转型；二是推进工业化进程，包括推动金砖五国建立适应新工业革命的技术创新能力、劳动力素质、新型工业基础设施，形成可持续的工业生产能力，更有韧性的工业及相关服务业；三是增强创新动力，包括推动金砖国家间科技联合研发和项目对接，打造有利于技术孵化、转移和应用的协同创新生态；四是促进包容性增长，包括落实2030年可持续发展议程，开展普惠民生合作，弥合数字鸿沟和发展鸿沟，让普通民众从工业化中受益；五是汇聚投资合力，包括动员各类资源，为伙伴关系开展项目和工业合作提供支持。[①]

如果把金砖创新基地建设目标分为近期目标与远期目标，则金砖创新基地建立四年来，已初步实现其近期目标。主要包括：组建金砖创新基地实体机构，进一步夯实金砖合作的民间基础和社会基础；聚焦新工业革命重点发展方向，开展务实合作，推动金砖新工业革命伙伴关系走深走实。2021年8月，工信部、科技部、外交部和福建省联合印发《金砖创新基地建设方案》，明确了金砖创新基地的指导思想、建设目标和主要任务。根据《金砖创新基地建设方案》，金砖创新基地设在福建省厦门市，采取理事会、战略咨询委员会、实体机构三级架构运行机制，实行理事会领导下的主任负责制。其中，理事会是决策机构，负责金砖创新

---

① 厦门市金砖创新基地建设领导小组办公室：《2021金砖创新基地研究成果汇编》，第40页。

基地重大事项决策，制定金砖创新基地发展规划，指导金砖创新基地开展新工业革命领域合作等；战略咨询委员会是智囊机构，负责为金砖创新基地提供发展方向和战略建议；实体机构是金砖创新基地管理运营团队，负责落实理事会各项决策部署。

2021年8月，作为省政府直属事业单位的实体机构"金砖国家新工业革命伙伴关系创新中心"（以下简称"金砖创新中心"）获批设立，9月7日正式揭牌。至此，金砖创新基地完成了机制建构，进而以"金砖创新中心"的更高平台，更高效地务实推进金砖国家新工业革命伙伴关系建设。2022年5月23日，第六届金砖国家工业部长会议在厦门举办。会议审议通过了《第六届金砖国家工业部长会议联合宣言》，鼓励利用金砖创新基地、工业能力中心、初创企业活动等倡议，进一步深化合作。金砖创新基地还与工信部4家部属单位合作启动共建8个新工业革命领域赋能平台，所有平台已于2022年8月上线试运行。

就远期目标而言，金砖创新基地将成为金砖国家新工业革命领域合作的重要平台，在充分考虑金砖各国技术、标准和规则的基础上，促进金砖国家的工业发展、贸易和投资合作，并在全球范围内逐步形成新工业革命领域"引力场"，推动全球多边主义发展，[①]引领第四次新工业革命浪潮，提升金砖国家参与全球治理的代表性与话语权。金砖创新基地更要落实习近平主席在金砖国家领导人会晤中关于开启金砖合作第二个"金色十年"的倡议，在"平等互利、优势互补"原则下寻求金砖国家共同利益交汇点，例如谋求经济发展、推动人文交流、参与全球治理等，从而调动金砖国家合作积极性，不断扩大金砖国家合作机制的国际影

---

① 黄茂兴主编：《金砖国家新工业革命伙伴关系创新基地发展报告（2021）》，北京：社会科学文献出版社，2022年，第16页。

响力。

金砖创新基地建设的远期目标具体可体现在以下三个方面：一是高标准高水平规划建设好金砖创新基地，将金砖创新基地打造为新工业革命领域真正有国际影响力的合作平台，使金砖国家能够团结维护多边主义和应对国际格局深刻变革的新形势与新挑战，提升金砖国家参与全球治理的代表性与话语权。如何依托金砖创新基地，以经济合作推动并营造一个互利共赢的国际环境，从而与金砖国家就促进和服务金砖国家新工业革命伙伴关系的合作机制、合作规划、合作标准、合作领域、合作路径等进行商讨，提高金砖国家合作意愿，达成合作共识。

二是如何依托金砖创新基地，最大限度地汇聚金砖各国在新工业革命领域的优势资源，打造金砖国家数字经济发展平台，全面推动和支撑金砖国家开展新工业革命伙伴关系建设。其中包括如何结合"一带一路"合作倡议，将金砖创新基地打造为金砖务实合作的旗舰项目，推进建设制造强国，实现高水平对外开放和全方位高质量发展，并实现金砖国家的贸易畅通、投资畅通、民心相通，促进金砖各国更紧密合作。

三是如何有效依托金砖创新基地赋能厦门城市发展，将厦门打造为高水平开放型经济示范区、金砖国家新工业革命示范城市。这就要求厦门市依托金砖创新基地继续深化政策创新，推动全方位改革，进一步吸引金砖国家新工业革命领域的技术人才和资源等聚集并赋能厦门，提升厦门的现代化国际化水平。同时也要充分发挥厦门经济特区政策优势和对外开放窗口的作用，尽快打造厦门重点标志性项目，进而推动金砖国家在环保技术、可再生能源、新能源汽车、航空航天技术、生物医药等领域实现更高层次的合作，将金砖创新基地建设成深化金砖合作的试验田，引领新工业革命示范城市建设，在金砖国家中发挥示范引领作用，并形成可复制可推广的经验。

2.金砖创新基地建设使命

金砖创新基地建设使命是要完成其建设目标与任务，服务国家战略。金砖创新基地当前的建设任务重点是，加强新工业革命环境下的政策协调，开展先进技术技能与培训合作，推动数字化信息和最佳实践做法交流，推动项目对接提高工业能力建设，开展保障包容性、公平增长的项目合作。

金砖创新基地以习近平新时代中国特色社会主义思想为指导，其建设目标与使命担当，主要就是在深入学习贯彻习近平主席在金砖国家领导人第十次、十一次、十二次、十三次、十四次会晤上的重要讲话精神基础上，深入推进金砖国家新工业革命伙伴关系建设，增强福建及厦门的引领、辐射和带动作用，服务国家战略，为中国建设制造强国和深入参与全球治理提供有力支撑。2021年9月9日，习近平主席在金砖国家领导人第十三次会晤上发表题为《携手金砖合作 应对共同挑战》的重要讲话。习近平主席强调坚定信念、加强团结，推动金砖务实合作朝着更高质量方向前进，并提出5点倡议。[1]习近平主席在讲话中指出："金砖创新基地已经正式启用，举办了人才培训、智库研讨会、工业创新大赛，明年还将开展工业互联网与数字制造发展论坛等活动，欢迎金砖国家有关政府部门和工商界积极参与。"[2]习近平主席在讲话中肯定了金砖创新基地前期工作取得的进展，为金砖创新基地建设进一步走深走实指明了方向。[3]

为实现金砖创新基地的远期建设目标，厦门更要强化地方使命担当，

---

① 《习近平在金砖国家领导人第十三次会晤上的讲话（全文）》（2021年9月9日），新华网，http://www.news.cn/politics/leaders/2021-09/09/c_1127846046.htm。

② 《携手金砖合作，应对共同挑战》，《人民日报》2021年9月10日。

③ 《携手金砖合作，应对共同挑战》，《人民日报》2021年9月10日。

充分利用厦门作为2017年金砖国家领导人第九次会晤举办地、中国最早设立的经济特区之一、自贸区等有利基础条件，打造金砖创新基地国际化名片，对标高质量发展引领有国际影响力的示范区建设。厦门市政府则发扬经济特区先行先试的改革开放精神，积极主动作为。值得强调的是，2020年5月19日，厦门市政府与工信部正式签署《共建金砖国家新工业伙伴关系创新基地合作协议》；5月28日，厦门市工信局与工信部国际经济技术合作中心签订《推进金砖国家新工业革命伙伴关系创新基地建设合作协议》；6月，金砖创新基地成功纳入金砖国家工业部长会议宣言。①

自2020年12月8日正式启动金砖创新基地建设后，在相关部、省、市的指导和统筹部署下，金砖创新基地着眼于"两个大局"，牢记"国之大者"，立足"国家所需，厦门所能，金砖国家所愿"，聚焦政策协调、人才培养和项目开发等重点领域，务实推进金砖创新基地建设，取得了积极进展和明显成效。②金砖创新基地必将成为金砖国家在新工业革命浪潮中深化务实合作的重要桥梁和纽带，为金砖国家合作注入新动力，推动金砖合作迈向更高水平，为全球经济发展与治理作出积极贡献，同时成为中国特别是厦门市推进高水平对外开放和创新合作的重要平台。③

综上所述，金砖创新基地建设以习近平外交思想为引领，在深入学习贯彻习近平主席在金砖国家领导人第十次、十一次、十二次、十三次、十四次会晤上的重要讲话精神基础上，务实践行"构建人类命运共同体"

---

① 黄茂兴主编：《金砖国家新工业革命伙伴关系创新基地发展报告（2021）》，北京：社会科学文献出版社，2022年，第6页。

② 《金砖国家新工业革命伙伴关系创新基地》，厦门市金砖办，2021年11月资料。

③ 《创新务实 打造金砖合作"厦门样板"》，《厦门日报》2021年11月17日。

的倡议，以实体机构的方式为"金砖+"合作搭建高水平交流对接和创新合作平台，深入推进金砖国家新工业革命伙伴关系建设，提升新兴市场国家参与全球治理改革的话语权；同时，服务国家外交战略，打造参与全球国际合作竞争的新优势，赋能厦门国际化建设，增强厦门经济特区的引领、辐射和带头作用。

三、重要实践

金砖国家合作之所以能留下深刻的中国印记，最根本在于以习近平同志为核心的党中央的亲自谋划与顶层设计，习近平主席在历次金砖国家领导人会晤上的重要讲话，为金砖国家合作向前发展指明了方向，也为各部门各地区参与金砖国家合作提供了根本遵循。在习近平外交思想指引下，金砖创新基地聚焦新工业革命伙伴关系、聚焦新型国际合作观、聚焦金砖合作"三轮驱动"、聚焦"三大倡议"和"两大共同体"，紧紧围绕金砖创新基地建设中的政策协调、人才培养与项目开发三大任务开展工作。

1.金砖创新基地建设是地方层面实践金砖合作的典型范例

自从2006年金砖合作机制启动以来，中国参加了金砖合作机制所有的会议和活动，引领了金砖合作机制的各种设计与安排。习近平主席连续十年出席金砖国家领导人会晤，提出了一系列加强金砖国家合作，推动金砖合作机制发展的政策主张和倡议。在全球开启新一轮科技革命和产业革命之际，中国率先倡议建立金砖国家新工业革命伙伴关系，深挖金砖国家合作潜力。习近平主席将金砖创新基地总部设在厦门，给了厦门依托金砖合作来提振自身发展的重要机遇。

自2020年成立以来，厦门金砖创新基地取得了一系列实实在在的成果。比如，2022金砖"中国年"，金砖创新基地的工作紧紧围绕习近平主席设计的厦门金砖创新基地的三大任务开展工作，在地方层面积极落地实践金砖合作。

第一，在习近平外交思想指引下，不断健全组织机构与工作运作机制。一是加强部省市联动工作机制，使部省市工作机制运行顺畅。2022年，金砖创新基地召开5次联合会议，探讨和研究基地建设的重点工作事项。二是落实金砖创新基地的三级运行架构。2022年金砖创新基地召开了理事会第二次会议，审议通过了《金砖创新基地战略咨询委员会组建方案》和《金砖创新基地章程》。与此同时，"金砖创新中心"这一实体机构也完成设立登记，首批聘用了10名工作人员，同时草拟《选聘外籍雇员暂行办法》，以加快组建高水平运营团队。金砖创新基地为更好完成党中央寄予的厚望重托，不负使命担当，正按照能够更好地服务国家战略的国际组织高标准，不断完善自身的组织架构与工作运行机制，这对推动构建国际合作新模式是有益探索，也能为其他国际合作平台建设树立新的典范。

第二，在习近平外交思想指引下，金砖创新基地创新推进政策协调合作，充分释放金砖国家互补优势和协同效应，打造金砖国家创新合作平台和先行区。为此，2022年金砖创新基地开展了以下工作：一是办好一系列交流活动，服务金砖"中国年"。2022年金砖创新基地共举办金砖相关会议、论坛等活动20多场，其中金砖"中国年"活动14场，吸引包括金砖国家代表在内的全球超400万人次线上线下参与和关注。二是组建智库联盟，开展政策研究基地邀请23家国内知名高校和智库加入，建立了厦门金砖创新基地智库合作联盟，并策划举办了金砖创新基地建设与发展论坛、金砖讲堂等活动，还发布了智库研究成果，完成14份课题调研报告。①尤其是基地依托智库联盟公开发布的2022年度《金砖国家国别研究报告》及金砖国家蓝皮书，在国内外均产生了良好影响。三是加强政策交流，促进标准互认。为加强金砖国家在技术标准、产业标准等方面的协调与合作，形成技术和产业评价标准对接，推动金砖国家产业高质量转型升级，并加强金砖国家知识产权保护协作，金砖创新基地对接中国电子技术标准化研究院，编制了《金砖国家新工业革命标准体系研究报告》，还推动设立厦门市金砖技术与技能标准化技术委员会，开展未来技能团体标准制定和课程开发。2022年度金砖创新基地开展的上述政策协调与研究工作，不仅对办好金砖中国年起到积极配合作用，而且对提升金砖国家政策沟通协调与合作水平起到积极作用，同时也体现了金砖创新基地积极主动作为，在地区层面认真落地金砖合作的实践成果方面摸索出了宝贵经验。

第三，在习近平外交思想指引下加强人才培养合作。为了提升金砖国家工业能力，加快前沿技术攻关，金砖创新基地充分发挥厦门丰富多元文化的人文环境优势，持续优化交流培养体系，打造出政、企、校三位一体的人才培育输送模式。在人才培养机制上致力于与金砖国家跨国协同，合理搭建人才培养和交流平台；在培养管理上致力于通过政策引导新型技术重点人才培养方向；在培养模式上则侧重打造产学研用联合培养的模式，打通人才输送渠道。金砖创新基地2022年人才培养工作的亮点突出，具体体现在以下三个方面：一是扩大联盟规模，开展培训活动。推动金砖新工业能力提升培训基地联盟扩员，吸纳了第二批11家院校和企业，使联盟规模达16家，并依托联盟，共同开发了13个领域34个培训项目，重点打造了23个金砖示范性专业培训项目；同时还对接国

____

① 2022年6月调研厦门市金砖办工作资料。

合署，在厦门成立了全球发展促进中心创新培训基地。二是创新培训模
式，加快以赛促训。举办了2022金砖国家工业创新大赛、职业技能大
赛、技能发展与技术创新国际赛，以及"鹭创未来"海外创业大赛等。
三是提升人才服务，助力"国际引才"。加强外国人才服务站建设，为金
砖国家及其他国家创新创业人才提供"一站式"服务，助力重点企业引
进24位外籍人才。①

　　第四，在习近平外交思想指引下推进项目开发合作。金砖创新基地
发挥厦门经济特区、自由贸易试验区、21世纪海上丝绸之路核心区等开
放优势，以打造金砖国家创新基地为抓手，聚焦工业创新领域，设立专
项资金、成立产业基金，集中落实金砖国家工业科技研发、创新中心、
科技企业孵化器和企业网络等项目。具体而言，2022年金砖创新基地在
项目开发方面取得了以下成果：一是推出示范项目，促进项目合作。遴
选并推出104个金砖创新基地示范项目，落地中俄数字经济研究中心、
铁建重工海外区域总部项目等，推动姚明织带印度工业园开工建设，预
计总投资30亿卢比。二是上线赋能平台，夯实合作基础。引进4家部属
单位在厦门设立分支机构，上线8个新工业革命领域赋能平台，建成工
业互联网标识解析二级节点、国际互联网专用通道等数据基础设施。三
是开展园区交流，汇聚创新资源。火炬高新区与俄罗斯、巴西产业科技
园区开展交流，与巴西马托格罗索州、俄罗斯斯科尔科沃创新中心等建
立常态化联络机制；截至2023年1月，金砖未来创新园已签约进驻34个
项目，企业入驻率达95%。四是加强经贸往来，推动互联互通。金砖创
新基地在巴西、印度设立海外联络点；在跨境产业园区设立商品服务中
心，汇集700多款金砖国家商品，落地亚马逊等跨境电商平台；中欧

---

　　① 2022年6月调研厦门市金砖办工作资料。

（厦门）班列稳定运行，中俄线全年发运34列、3370标箱，进出口货值8.59亿元。五是出台政策措施，提升营商环境。金砖创新基地出台了对外投资合作及开拓国际市场专项资金管理办法，设立"金砖法务特色专区"，出台专项措施，推出首批8家专业法务机构对接服务金砖国家。[①]

可以说，在习近平外交思想指引下，金砖创新基地得以务实推进项目开发，致力于引进一批高新技术企业，落地一批高新技术产业项目，项目合作的成果较为扎实。这期间，金砖创新基地认真领悟"厦门会晤"精神，充分发挥厦门开放性产业体系及枢纽型交通网络优势，以点带面推动区域发展、产业升级，在项目示范、发展规划上与招商引资引项方面，都体现了金砖创新基地服务国家战略、助力构建"双循环"新发展格局的高思维与大视野。

2.习近平外交思想对金砖创新基地建设发挥引领和实践指导作用

建设金砖创新基地是以习近平同志为核心的党中央着眼"两个大局"的战略举措，它体现了习近平主席对福建、厦门的亲切关怀和厚望重托。厦门作为经济特区，曾切实担负起改革开放和现代化建设事业探路的排头兵使命，如今，面对新时代党和国家事业发展的新目标、新任务，厦门有基础、有条件，更有责任、有义务把建设好金砖创新基地作为重大政治任务和新的历史机遇。为了以更加务实的成效向党中央的关怀厚爱提交答卷，确保习近平主席关于金砖国家合作及金砖创新基地建设的重要指示在厦门落地生根、开花结果，金砖创新基地在近三年来的建设中摸索出一些初步经验，也取得建设速度快、成果多、影响力大的突出成就，这正是习近平外交思想指引下的金砖合作在地方层面的具体阐释。

2021年8月，工信部、科技部、外交部和福建省联合印发《金砖创

---

① 2022年6月调研厦门市金砖办工作资料。

新基地建设方案》，为金砖创新基地建设谋划总体路线，设立"金砖创新中心"，明确厦门火炬高新区和厦门自贸片区为金砖创新基地核心区；工信部、福建省和厦门市签署共建金砖创新基地合作协议，形成共建机制。厦门市研究出台《厦门市促进金砖创新基地建设若干措施》，围绕重点任务推出26条措施，鼓励与金砖国家在新一代信息技术、新能源、新材料等领域的合作等，同时印发了《中国居民赴金砖国家投资税收指南》，助力省内企业与金砖国家经贸往来。中央驻厦金融监管部门联合推出金融支持金砖创新基地20条措施，省财政安排福厦泉国家自主创新示范区建设专项资金2亿元，安排"中国福建能源材料科学与技术实验室"建设经费1.1亿元，为金砖创新基地建设提供有力支撑。①

2021年9月7日，"金砖创新基地"正式揭牌启用，28个金砖国家间项目签约落地，总投资金额高达134.04亿元。截至2021年底，金砖创新基地已组建实体机构，发布了两批共60项重点任务清单，开展了15批面向金砖国家人才专题培训活动，构建了7个新工业革命领域赋能平台，展示出金砖创新基地的旺盛活力和广阔合作前景。②

金砖创新基地落地厦门后，对厦门提升国际化水平起到了积极作用。从贸易数据来看，厦门对金砖国家的进出口增长迅速：2020年厦门对金砖国家进出口609.6亿元，同比2019年增长8.1%。2021年上半年厦门对金砖国家进出口总额316.84亿元，同比2020年上半年增长39.32%。其中，2021年上半年厦门与巴西贸易规模最大，占比29.67%。截至2021年6月，金砖四国在厦门投资项目101个，合同外资3.21亿元，实际使用外资0.25亿元。而厦门对金砖国家的境外投资也发起项目28个，总协议投

---

① 《省政协十二届四次会议重点提案办理回放》，《福建日报》2022年1月18日。
② 《省政协十二届四次会议重点提案办理回放》，《福建日报》2022年1月18日。

资额 6496.81 万美元，其中中方协议投资额 5825.25 万美元。2021 年度，厦门还积极开展与金砖国家的友好城市建设。在已有俄罗斯符拉迪沃斯托克市、巴西伊瓜苏市两个金砖国家国际友好交流城市的基础上，厦门还多渠道拓展同俄罗斯卡累利阿自治共和国、鞑靼斯坦共和国的友好联系。[①]

2022 年是金砖"中国年"，金砖创新基地贯彻落实习近平总书记重要讲话精神，在工信部等国家部委的指导支持下，在省委、省政府的领导下全力推进金砖创新基地建设。2022 年度，金砖创新基地加强部、省、市联动，组建战略咨询委员会，聚焦政策协调、人才培养和项目开发重点领域，加快推动基地实体化运作。2022 年厦门与金砖国家进出口总额达 955.4 亿元，同比增长 29.9%。

总之，创建三年多以来，金砖创新基地建设不断走深走实，成果显著。除了巩固金砖合作机制，强化金砖国家新工业革命伙伴关系之外，还主动对接落实全球发展倡议、全球安全倡议。目前，金砖创新基地建设取得初步成效，已成为继金砖新开发银行的第二大金砖合作实体。

四、创新发展

金砖合作的空间广阔，潜力巨大。金砖国家在维护世界和平与安全，捍卫《联合国宪章》原则，反对霸权主义等重大原则问题上，形成广泛共识，在推动经济全球化，维护多边贸易体系，加强互联互通，完善全球治理等领域也有着广泛共同利益。但与此同时，金砖国家合作进入新阶段后，也面临新困难、新挑战。特别是随着国际形势的变化，逆全球

---

① 厦门市金砖创新基地建设领导小组办公室：《金砖创新基地研究成果汇编》，第 19 页。

化思潮的上升，霸权主义、强权政治进一步的泛滥，地缘安全形势发生新的变化，包括金砖国家内部合作的私利冲突等，都对金砖合作带来了困难，形成了挑战。尤其是金砖国家领导人南非会晤，围绕金砖国家扩员等问题，金砖国家内部出现分歧大于合作的隐忧。而厦门虽具备诸多推进金砖合作的优势条件，但也存在与金砖各国交流交往不够绵密，企业与金砖国家合作体量较小等困难，这都显示金砖创新基地建设仍然任重而道远。这就有必要以创新思路加速推动金砖创新基地建设，使其具有更大国际影响力，更好地服务国家战略。

1. 习近平外交思想引领金砖创新基地创新发展方向

2022年6月23日晚，习近平主席在北京以视频方式主持金砖国家领导人第十四次会晤并发表题为《构建高质量伙伴关系 开启金砖合作新征程》的重要讲话。习近平主席指出，金砖国家合作机制展现了韧性和活力，金砖合作取得了积极进展和成果。金砖国家作为重要的新兴市场国家和发展中大国，要勇于担当、勇于作为，推动可持续发展，共同为推动金砖合作高质量发展贡献智慧，为世界注入积极、稳定、建设性力量。习近平主席强调，当前世界百年未有之大变局正在加速演进，金砖国家"要一起向未来，携手构建更加全面、紧密、务实、包容的高质量伙伴关系，共同开启金砖合作新征程"①。

习近平主席在金砖国家领导人第十四次会晤上的重要讲话为金砖创新基地的创新发展指明了方向，那就是要依托金砖创新基地，构建金砖国家更加全面、紧密、务实、包容的高质量伙伴关系，开启金砖合作新征程。

---

① 《金砖国家领导人第十四次会晤举行 习近平主持会晤并发表重要讲话》（2022年6月24日），来源：新华社，https://baijiahao.baidu.com/s?id=1736498414113275221&wfr=spi-der&for=pc。

在习近平外交思想引领下，金砖创新基地今后仍有较大的创新发展空间：一是用习近平外交思想的精髓进一步激活基地的活力，发挥其在金砖国家创新合作中的核心作用；二是通过机制创新和政策创新，为金砖创新基地建设开拓更多新动能与新模式，开发更多新领域与新项目。三是发挥厦门改革开放窗口、产业优势及侨务资源等，以中巴合作来以点带面，实现与金砖国家的新对接、新合作与新发展。

今后，金砖创新基地可从以下六个方面推动工作：一是加强与金砖国家的合作，包括数字经济合作，开展前沿技术联合攻关和应用，谋划推动先进制造业合作。例如，可与俄罗斯在微电子、超级计算机等电子信息领域，深化合作，加快基础材料、芯片、关键软件等核心技术攻关，开展产业合作。二是依托厦门"空港+海港+陆港"等重大交通设施，构建多维度的对外分工体系，带动厦漳泉都市圈的协同发展，谋划"三核固岛、两轴展开、三片强产、一带如画"的金砖创新基地空间战略构想，推动岛内外高质量发展。三是强化部省市联动，充分发挥金砖创新基地三级运作架构的作用，加快基地实体化运作，全面实施任务清单管理。四是依托外事、商务、科技、侨务、贸促等部门的资源和渠道，对接金砖国家使领馆、友好省州市、华侨华人社团和商协会等，积极开展境外推介，拓宽合作渠道，实现资源互补，形成更多务实合作成果。五是依托中央主流媒体、海外新媒体矩阵等渠道，联动当地主流媒体，全方位、多渠道开展对外宣传，扩大金砖创新基地的国际影响力。六是以落地全球发展促进中心创新培训基地为契机，持续深化三大重点领域合作，拓展"金砖+"合作，助力落实全球发展倡议，推动金砖创新基地建设走深走实。①

---

① 资料来源：2022年6月厦门市金砖办调研资料。

2.金砖创新基地未来工作重点

金砖创新基地未来的工作重点是从服务国家外交大局、服务国内国际双循环、服务建设创新高地三个维度，加快推进基地建设，同时积极联动"三大倡议"，抓住宝贵时机，深化重点领域务实合作，提供更多的金砖红利，扩大金砖朋友圈，更好服务国家外交大局。

（1）发挥金砖创新基地职能，全方位推进基地建设

通过对金砖创新基地系列政策文件的解读，可以梳理出金砖创新基地具有六大职能：一是项目开发，包括经济、产业、文化等项目；二是人才培训，包括管理、产业等领域人才培训；三是政策协调，包括经济、产业等政策、标准的制定和创新；四是创新合作，覆盖产业、研发等领域的合作；五是贸易投资，包括对外投资及产品贸易等；六是人文交流，包括文化活动、友好城市建设等。围绕这六大职能，结合项目属性，金砖创新基地可延伸出六大类11种具体功能：项目开发类（研究中心）；人才培训类（教育培训、会议论坛）；政策协调类（智库机构、企业总部、国别机构）；创新合作类（产业发展、创新研究）；贸易投资类（对外贸易、交通设施）；人文交流类（节日活动）。金砖创新基地未来可围绕六大职能和11种具体功能，全面布局及拓展，稳步扎实提升基地促进金砖国家新工业伙伴关系的积极作用及作为国际组织的国际影响力。

（2）紧紧围绕三大任务，规划与落实重点工作

一是进一步深化政策协调合作。例如，办好金砖国家新工业革命伙伴关系论坛等活动、积极参与金砖"南非年"活动；推动金砖创新基地战略咨询委员会实质化运作，完成智库合作联盟国际化扩员，以及发布研究报告及成果，提升基地国际影响力；同时，促进标准互认，推动成立金砖国家信息技术标准化技术委员会、金砖创新基地数字经济领域产业联盟等组织，服务金砖国家间技术交流。

二是进一步加快人才培养合作。例如，发布培养计划，提升培训效益，举办金砖国家工业互联网领航人才研修班、新工业革命技术与治理卓越人才研修班、海洋高质量发展研修班等十大主题培训活动；同时，打造金砖国家技能技术类品牌赛事，建立"金砖创新基地优选赛项目库"，争取在厦门落户金砖国家技能发展与技术创新大赛国际赛，推动金砖各国多赛道联合培养、选拔技术技能型人才。

三是进一步加强项目开发合作。搭建一批创新载体，例如策划设立金砖国家科技创新孵化中心，推动赛迪、工信部部属高校来厦门设立赋能机构等；依托中俄数字经济研究中心等国际创新成果转化合作载体，加强关键技术联合研发。同时做强一批赋能平台，例如充分发挥8个新工业革命领域赋能平台功能作用，强化双循环枢纽节点城市内外连接服务能力。还可创建一批新工业革命试点示范，例如加快创建工业互联网创新应用示范区、元宇宙先导区和智能制造先行区，打造一批国家级新工业革命领域标杆示范企业和项目。

（3）进一步推动文明交流互鉴，充分发挥厦门特色资源优势，积极开展金砖国家文明对话，讲好金砖故事

一是用好地方特色公共外交品牌项目，架设文明互鉴桥梁。打造厦门国际友好音乐会、"行·摄友城"摄影展、友城青少年足球夏令营、中外文明对话会等公共外交特色品牌，吸引国际主要交往城市等一批"铁粉"连年参与，并通过双城同展、互访互鉴、直播转播及社交媒体等形式持续提升活动国际影响力；打造厦门-金砖国家国际嘉年华、美食节、电影节、友城中文班等"双城"人文交往经典项目，增进城市间文明互鉴、文化交流和民心相通。

二是用好地方特色会展节庆活动，打造文明互鉴平台。发挥厦门会展名城效应，用好中国电影金鸡奖（金鸡国际影展）、国际海洋周、鼓浪

屿论坛、厦门马拉松、茶博会、佛事展等国际会展会议赛事；发挥闽南侨乡文化纽带作用，提升厦门（同安）朱子国际文化节、世界同安联谊大会、送王船（世遗民俗）等传统节庆民俗的国际影响力，打造成为向海外传播讲述闽南侨乡文化的载体，为不同国家间文明互鉴搭建平台，为中华文明海外传播贡献力量。

三是用好特色历史文化品牌，讲述文明互鉴故事。发挥南音、歌仔戏（特别是歌仔戏《侨批》）、漆线雕、影雕等非物质文化遗产优势，让厦门历史文化名片成为文明交流互鉴的媒介；通过鼓浪屿音乐节、鼓浪屿钢琴艺术周、鼓浪屿"全岛博物馆计划"等项目，讲述鼓浪屿历史文化街区在中外文明交流中的故事，向世界分享鼓浪屿世界文化遗产保护的经验等。①

---

① 引自厦门市外办工作资料。

第五章　金砖创新基地实践的世界意义

一、金砖创新基地实践的时代意义

1.不断以中国新发展为世界提供新机遇

一是以创新发展为世界提供培育发展新动能的新机遇创新是引领发展的第一动力。近年来中国科技创新的能力和成就有目共睹。根据2022年全球创新指数（GII），中国在世界132个经济体中排名第11位，位居中高收入经济体之首，[①]在太空、机器人、能源、环境、生物技术、人工智能、先进材料和量子技术等领域取得重大突出成果，积极把握新工业革命的机遇。同时，中国科技创新能力的提升为全球发展注入新动能。中国高铁、中国大坝、中国桥梁、中国港口，已成为世界上响当当的中国"名片"，从中国制造到中国创造，中国为世界提供了更多高质量的先进装备等生产资料，为各国企业节约了生产和运营成本，提高了各国产出效率。[②]

[①] WIPO. Global Innovation Index 2022, 2022-09-29, https://www.wipo.int/edocs/pubdocs/en / wipo-pub-2000-2022-en-main-report-global-innovation-index-2022-15th-edition. pdf, p.42.

[②] 冯维江：《以中国新发展为世界提供新机遇》，《光明日报》2022年12月19日。

二是以协调发展为世界提供解决发展不平衡问题的新机遇。协调发展注重的是解决发展不平衡问题。党的十八大以来，我国发展的总体平衡程度逐步改善，区域发展协调性增强，城乡平衡程度显著提升，[1]并进一步从社会主义市场经济体制建设、收入分配、区域和行业发展等维度出发，提高发展的平衡性、协调性、包容性。[2]同时，中国自身协调发展也在积极改善全球不平衡状况。在许多国家贫富分化加剧的背景下，中国在实现经济高速发展的同时消除了绝对贫困，成为世界上减贫人口数最多的国家，对世界减贫贡献率超过70%。这彰显了中国共产党领导和社会主义制度的显著优势，为世界减贫事业贡献了中国智慧和中国方案，为解决全球发展不平等问题带来曙光。

三是以绿色发展为世界提供高质量可持续发展的新机遇。习近平总书记提出的"绿水青山就是金山银山"思想为中国绿色发展指明方向，走人与自然和谐共生的现代化之路，并将这一理念贯彻到我国社会主义现代化的奋斗目标之中。2023年1月中国国务院新闻办公室发布的《新时代的中国绿色发展》白皮书进一步强调中国正坚定不移走绿色发展之路，以自身发展推动全球可持续发展。中国政府积极参与全球环境治理，向世界承诺力争于2030年前实现碳达峰、努力争取2060年前实现碳中和，以"碳达峰、碳中和"目标为牵引推动绿色转型，以更加积极的姿态开展绿色发展双多边国际合作，推动构建公平合理、合作共赢的全球环境治理体系，为全球可持续发展贡献智慧和力量。[3]国际社会普遍称赞

---

① 陈炜炜：《研究显示我国发展平衡性逐步增强》（2019年5月2日），新华网，https://www.gov.cn/xinwen/2019-05/02/content_5388277.htm?cid=303.2023-5-3。

② 习近平：《扎实推动共同富裕》，《求是》2021年第20期。

③《新时代的中国绿色发展》（2023年1月19日），国务院新闻办公室，https://www.gov.cn/zhengce/2023-01/19/content_5737923.htm。

应对气候变化的中国主张、中国智慧、中国方案，认为中国在应对气候变化问题上展现出负责任的大国担当，发挥了重要引领作用。具体来看，在务实开展双多边环境合作方面，建立中欧环境与气候高层对话机制，积极开展上海合作组织成员国环境部长会、中国—东盟环境合作论坛等交流对话机制，加强南南合作以及同周边国家的合作。截至2022年6月，中国已经与38个发展中国家签署了43份气候变化合作文件，通过援助气象卫星、光伏发电系统、新能源汽车等应对气候变化相关物资，帮助有关国家提高应对气候变化能力。①

四是以开放发展为世界提供利用超大规模统一市场的新机遇。改革开放以来，中国积极主动融入世界，将开放作为一项基本国策，经过几十年的发展，中国已成为世界第二大经济体。中国以开放发展为核心战略，主动融入世界经济发展有利于推动全球共同繁荣发展。自提出"一带一路"倡议以来，中国与共建"一带一路"国家货物贸易额从1.04万亿美元扩大到2.07万亿美元，年均增长8%。②近年来，中国政府多次强调中国开放的大门只会越开越大，以国内大循环和统一大市场为支撑，有效利用全球要素和市场资源，使国内市场与国际市场更好相融。推动制度型开放，增强在全球产业链供应链创新链中的影响力，提升在国际经济治理中的话语权，③积极参与多边贸易规则谈判，建设性参与全球经济治理，推动建设开放型世界经济，竭力保持包括中国超大规模国内市场在内的世界市场和开放世界经济体系的完整统一，用韧性强、潜力足、

---

① 张春友、陈润、泽苏宁：《中国积极参与应对气候变化全球治理》，《法治日报》2022年11月28日。

② 谢希瑶、潘洁：《我国与"一带一路"沿线国家货物贸易额十年年均增长8%》，新华社，www.gov.cn/xinwen/2023-03/02/content_5744191.htm。

③ 《关于加快建设全国统一大市场的意见》，https://www.gov.cn/zhengce/2022-04/10/content_5684385.htm。

回旋余地大、长期向好基本面不变的中国经济和中国大市场，为各国市场主体提供机遇。①

五是以共享发展为世界提供促进公平正义、缩小南北差距的新机遇。坚持共享发展是中国特色社会主义的本质要求，习近平深刻指出："共享发展注重的是解决社会公平正义问题"，新时代共享发展理念体现了共同富裕目标的公平本质，共享发展的鲜明指向，在于促进公平正义，实现人的全面发展。作为负责任大国，中国不断加大对全球发展合作的资源投入，中国不仅是140多个国家和地区的主要贸易伙伴和全球第一货物贸易大国，更是世界经济增长的重要引擎。作为最大的发展中国家，中国一直是南南合作的积极倡导者和重要参与者，充分发挥"一带一路"倡议、金砖国家合作机制、上海合作组织、中国—东盟（10+1）等多边机制与区域合作平台的作用，不断深化南南合作和多边合作，探索更多更有效的合作共赢方式，推动各国共同发展。②几十年来，中国通过分享发展经验、传授专业技术知识、减免最不发达国家的债务等途径，在力所能及的范围内向120多个发展中国家提供援助，覆盖了农业、教育、医疗、气候变化等多个领域。③

2.金砖创新基地聚焦时代发展变革的核心命题

（1）构建人类命运共同体

习近平主席曾指出："金砖合作是一个创新，超越了政治和军事结盟

---

① 冯维江：《以中国新发展为世界提供新机遇》，《光明日报》2022年12月19日。

② 张兵：《中国经济社会发展态势及南南合作基本政策》，郭业洲、栾建章、蔡春林：《新型南南合作蓝皮书：金砖国家合作发展报告》（2019），北京：社会科学文献出版社，2019年，第82页。

③ 张兵：《中国经济社会发展态势及南南合作基本政策》，郭业洲、栾建章、蔡春林：《新型南南合作蓝皮书：金砖国家合作发展报告》（2019），北京：社会科学文献出版社，2019年，第83页。

的老套路,建立了结伴不结盟的新关系;超越了以意识形态划线的老思维,走出了相互尊重、共同进步的新道路;超越了你输我赢、赢者通吃的老观念,实践了互惠互利、合作共赢的新理念。"①这是对人类命运共同体理念的丰富和发展。②作为金砖合作的样本,金砖创新基地是中国构建人类命运共同体的重要举措。

首先,金砖创新基地着力巩固和拓展新工业革命伙伴关系,立足金砖国家各自比较优势,紧贴各国发展需求,努力将开放包容、合作共赢的金砖精神转化为更多的实质性合作成果,进一步夯实伙伴关系基础,是打造"公道正义、共建共享"安全格局的创新探索。

其次,创新基地自启动以来,已发布154项重点任务清单,建设8个新工业革命领域赋能平台,推出104个示范项目,签约77个合作项目,促进金砖国家在政策、经济金融、科技、全球治理等多个领域的密切合作交流,秉承着"相互尊重、共同进步"的理念,体现了人类命运共同体"求同存异、聚同化异"的价值诉求。

最后,金砖创新基地开创了国际合作新范式,促进了全球分工与合作机制,为发展中国家和新兴经济体表达利益诉求提供了新渠道,③彰显了人类命运共同体对"和衷共济、共同繁荣"的不懈追求。

(2)参与全球治理体系改革和建设

金砖国家跨越地区界限的合作自始就具有全球治理功能,同时金砖成员身份的独特性赋予金砖机制在全球治理进程中不同于发达国家的特

---

① 《习近平集体会见金砖国家外长会晤外方代表团团长》,新华网,http://www.xin-huanet.com/politics/2017-06/19/c_1121172182.htm。

② 赵明昊:《金砖合作开辟人类命运共同体更加光明未来》,《求是》2018年第8期。

③ 转引自张宇燕教授在"2022年金砖国家学术会议:面向高质量的共享发展"会议上的主旨演讲。http://ilas.cass.cn/xsnews/dwjiaoliu/202206/t20220613_5412334.shtml.

殊角色。[①]作为新型全球治理模式，金砖国家合作机制已成为代表广大发展中国家利益和诉求、参与全球治理实践的平台，受到国际社会高度关注和广泛肯定。根据《全球发展新时代的金砖合作调查报告2022》，全球25国民众认为，中国主张的共商共建共享原则为全球发展与治理提供重要指引，各国平均认可度达到93.3%，其中金砖国家认可度为96.1%。[②]金砖创新基地通过政策协调、人才培养和项目开发三个领域提升金砖国家合作机制在全球治理体系中的话语权，并以坚持践行多边主义、强化全球治理的多边机构以及创设新的多边合作平台为主要措施推动全球治理体系的改革与完善。[③]

（3）共创绿色发展未来

对于金砖国家而言，绿色发展重中之重。在《金砖国家经济伙伴战略2025》中，可持续发展被列入重点合作领域，并明确提出金砖国家在应对气候变化、实现可持续能源消耗和发电、解决土地和水污染问题等领域加强了合作。在此基础上，金砖创新基地成立了金砖创新基地绿色发展公共服务平台，并围绕绿色工业等领域推动联合实施一批新工业革命示范项目。如中俄数字经济研究中心签约多项国际合作项目，将聚合中俄多所知名高校的科研力量，开展数字经济、先进制造、智能医疗等领域学术合作，并与俄罗斯知名信息技术企业开展数字科技领域合作。

（4）践行全球发展倡议、全球安全倡议、全球文明倡议

习近平主席提出的全球发展倡议、全球安全倡议、全球文明倡议，

---

① 当代中国与世界研究院：《全球治理中的金砖国家：新角色与新模式》，中国外文局微信公众号，2023年，第2页。

② 当代中国与世界研究院：《全球发展新时代的金砖合作调查报告2022》，中国外文局微信公众号，2023年，第8页。

③ 黄茂兴：《金砖国家新工业革命伙伴关系创新基地发展报告（2021）》，北京：社会科学文献出版社，2022年，第24页。

为引领金砖国家合作贡献中国智慧。金砖国家围绕发展、安全和文明三大时代课题的务实合作，对落实三大倡议发挥示范作用，对带动周边、惠及世界、推动全球发展具有重要意义。金砖创新基地的建设积极践行三大倡议，在厦门会晤期间，习近平主席高屋建瓴，在金砖合作历史上首次提出"金砖+"的概念，金砖合作的意义已超出五国范畴，承载着新兴市场国家和发展中国家乃至整个国际社会的期望。五年来"金砖+"合作始终聚焦发展主题，推动落实联合国2030年可持续发展目标，共促全球发展，同时团结广大发展中国家和新兴市场国家，成为推动国际金融秩序稳健、可持续变革的积极力量。[1]

3. 金砖创新基地以创新合作推动新兴市场国家和发展中国家团结发展

一是以合作发展，共同应对风险和挑战。在全球经济复苏不确定性加剧、不平衡问题突出的背景下，金砖国家深陷大国博弈漩涡，受到地区安全、全球产业链供应链重塑等影响，亟待携手应对风险挑战。目前，金砖国家已在一定领域取得合作成效。作为深化金砖务实合作的崭新平台，金砖创新基地以实际行动贯彻落实好习近平总书记对厦门的重要指示和殷切嘱托，深挖金砖国家合作潜力，打造更多务实合作成果。[2]据统计，金砖创新基地通过政策协调合作、人才培养合作和项目开发合作，与金砖国家在各领域深入合作，举办多项金砖交流活动，组建金砖创新基地智库合作联盟，并推出104个基地示范项目，签约77个、投资额达385亿元的金砖合作项目。通过相互合作促进共同发展，增强共同应对

---

① 李嘉宝：《"金砖+"：为合作而生 为发展而兴》，《人民日报（海外版）》2022年6月22日。

② 林宏宇：《金砖国家新工业革命伙伴创新基地的建设路径》，厦门市金砖创新基地领导小组办公室《金砖课题研究报告》，2022年，第7页。

风险和挑战的能力，推动各国共同繁荣发展。

二是以开拓创新，激发合作潜能和活力。金砖五国资源禀赋相异，经济上各有优势和特色，产业结构互补性强，且各有金字招牌，金砖国家要想实现后发赶超，需加强五国之间的多边合作，以开拓创新寻求共赢。金砖创新基地在开拓创新领域取得一系列成就，如在人才培养领域，金砖国家技能发展与技术创新大赛始于2017年，连续五年写入《金砖国家工商理事会年度报告》，作为成果设计递交给金砖五国领导人，促进各国人才在高端制造、数字经济、新产业、新业态、新技术等重点领域的交流合作。

三是以开放包容，凝聚集体智慧和力量。金砖国家之间的文化、历史、经济和制度等多方面存在巨大的差异，通过"金砖+"合作理念，团结和凝聚广大新兴市场国家和发展中国家的力量、为金砖国家合作机制探索新的发展空间，弘扬开放包容、合作共赢的金砖精神。"金砖+"合作的深化离不开金砖创新基地的各项制度建设与具体举措保障。从发展规划上，厦门市金砖办的《金砖创新基地发展规划（2022—2035）》（征求意见稿）中明确提出，要"立足厦门、面向全球，加强与金砖国家、'一带一路'共建国家、《区域全面经济伙伴关系协定》（RCEP）国家和有关地区产能、经贸、能源、技术、人才、文化交流领域合作，建立政策协调常态化机制，发挥国际合作政策'叠加优势'"[1]。如2023年5月10日，金砖创新基地在巴西圣保罗成功举办"厦门市海联会客厅——走进巴西暨金砖国家新工业革命伙伴关系创新基地推介会"，其间，8家厦门企业与巴方现场签订合作项目，将在智能制造、生物科技、农产品进

---

[1] 林宏宇：《金砖国家新工业革命伙伴创新基地的建设路径》，厦门市金砖创新基地领导小组办公室《金砖课题研究报告》，2022年，第18页。

口等领域与巴西方面开展更加广泛深入的合作，签约额超10亿美元，为推动中巴关系在金砖国家合作机制下迸发活力做出积极贡献。

二、战略意义

1.充分释放和发挥金砖及"金砖+"潜能

一是促进金砖国家资源互惠共享。"金砖+"模式赋予金砖合作更强的生命力，随着金砖国家自身和全球形势的变化进行改革和调整，逐步拓展新的合作领域，发展新的合作伙伴，打造新的合作方式。[1]研究发现，随着金砖国家合作机制的深化，各国将会在合作中竞争，金砖国家内部将出现资源再分配和利益再整合过程。[2]金砖创新基地致力于打造金砖国家资源互惠合作新平台。金砖各国各有优势资源，金砖创新基地可凭借厦门良好的营商环境和多区叠加的政策优势，优化金砖国家产业基地资源配置与空间布局，促进良性合作的持续运行和持续的资源互惠共享。

二是挖掘金砖及"金砖+"合作潜力。金砖及"金砖+"合作模式是诸多发展中国家和新兴市场国家在应对新时代新潮流急剧变化的发展诉求，它有助于将有相似发展诉求和共同目标的经济体纳入以同舟共济、团结协作为精神的金砖合作中，通过扩大合作范围，促进世界经济的良性发展。通过在厦门建设金砖国家国际交流中心、金砖国家国际合作政策发布与信息传导中心、金砖国家贸易争端协调与仲裁中心等，积极构

---

① 王磊：《"金砖+"要为金砖加什么》，《光明日报》2017年9月2日。
② 段秀芳、苏梦玲：《中国与其他"金砖国家"制成品贸易：竞争、互补与贸易潜力》，《欧亚经济》2020年第3期。

建金砖国家自由贸易区，建立新型紧密合作经济体，[①]支持扩员进程，吸纳世界上有经济代表性和地区代表性的发展中大国进入金砖国家朋友圈。2023年5月金砖创新基地开展"进入中国市场"系列培训，课程内容包含中国市场的现状与未来、进入中国市场应该注意的法律问题、进入中国市场的实用策略、中国市场的电子商务与数字化营销等实用性强的理论阐释和案例分析，得到了30个国家60.1万人次关注。

三是提升金砖及"金砖+"合作能力。金砖及"金砖+"合作是当前全球范围内通过加强南南合作促进发展中国家利益的重要多边合作机制，参与国家之间存在经济、政治、文化多样性，且技术储备和技术创新与发达国家相比仍存在较大差距。加之近年来全球经济增长日趋缓慢、逆全球化形势浮现，外需持续低迷等情况，金砖及"金砖+"合作能力亟待增强。金砖创新基地自建立以来，聚焦政策协调、人才培养和项目开发三大领域，依托金砖相关会议、论坛，开展智库合作和标准互认等政策交流，吸引全球各界的关注；通过开展培训、举办职业技能大赛等，提升金砖国家人才专业性和科学性，为未来合作储备人才库；对接金砖及其他国家使领馆、国际友城、友好交流城市、商协会、华侨华人社团以及相关国际组织，拓展交流合作渠道。

2.提升新兴市场国家和发展中国家的国际话语权、议程设置权和规则制定权

一是把握话语议程设置的主导权，提升国际话语能力。国际议程设置，是指"在国际交往过程中，某一行为体根据国家利益需求，向相关国家设定议程的对话方式，冀以在这些问题上获得主动权的过程"。国际

[①] 李闽榕、赵新力：《金砖国家新工业革命伙伴关系（厦门）创新基地研究》，赵新力、李闽榕、黄茂兴等：《金砖国家综合创新竞争力研究报告（2021）》，北京：社会科学文献出版社，2022年，第108页。

议程设置是国际社会中多方博弈的结果，只有那些能够获得国际社会大多数人支持或引起强烈共鸣的议程才可能成为国际议程。① 如金砖国家合作机制通过设置气候变化这一具有"公共产品"属性的话语议程，引起国际社会关注和共鸣，争取把握话语议程设置的主导权。在金砖国家应对气候变化高级别会议上，金砖各国就加快低碳和气候韧性转型、推进气候多边进程、强化应对气候变化领域团结协作等达成了广泛共识。② 金砖创新基地在深化气候变化等领域务实合作，面向新兴市场国家和发展中国家的司处级政府官员开设海洋经济开发与管理研修班，依托厦门已有的海港优势和海洋资源优势，培养海洋经济管理人才。

二是提高新兴市场国家和发展中国家代表性和发言权。习近平主席在全球发展高层对话会上发表讲话时指出："新兴市场国家和发展中国家要加强协调合作，增强在国际事务中的代表性和发言权。"③ 代表性，主要指新兴市场国家和发展中国家在国际事务中的表决权、代表权、投票权、份额、比重等，而话语权实际上是指话语、理念或主张的影响力和感召力。④ 金砖国家作为发展中国家和新兴经济体参与全球治理的重要平台，不仅在全球发出金砖声音，也在二十国集团中发挥了重要作用。⑤ 金砖创新基地践行"共同构建人类命运共同体"的倡议，承载政策协调、

---

① 汪海鹰：《世界百年未有之大变局背景下中国国际话语权的提升路径》，《世界社会主义研究》2022 年第 12 期。

② 赵佳：《金砖国家应对气候变化高级别会议情况》，中国日报网，https://cn.chinadaily.com.cn/a/202205/17/WS6283659fa3101c3ee7ad5be7.html。

③ 杨依军：《习近平主持全球发展高层对话会并发表重要讲话》，新华社，https://www.ccdi.gov.cn/toutiaon/202206/t20220625_201374.html。

④ 刘文波：《新时代提升中国"一带一路"倡议国际塑造力的进展与路径》，《吉林大学社会科学学报》2020 年第 5 期。

⑤ 中国人民大学重阳金融研究院金砖国家研究组：《金砖：全球发展的新未来》，第 30 页。http://rdcy.ruc.edu.cn/docs/2022-06/8067c3261edc4050b3f67a521526b3da.pdf。

人才培养、项目开发等工作,凝聚金砖和"金砖+"共同声音和共同方案,扩大金砖理念、主张的影响力,提高新兴市场国家和发展中国家代表性和发言权,加强全球治理制度能力建设,推动形成更加公正合理的国际经济秩序和完善的国际治理体系。如2022年5月23日第六届金砖国家工业部长会议在福建厦门举行,就加强金砖工业领域全面合作、促进产业数字化转型、强化产业链供应链合作、提升工业发展能力等方面达成广泛共识,发表《第六届金砖国家工业部长会议联合宣言》。

3.充分发挥综合协调功能,巩固扩大金砖朋友圈

一是推动金砖国家政策协调。"金砖+"合作模式自2017年在厦门提出以来,吸引着众多发展中国家和新兴经济体。拓宽朋友圈的同时,"金砖+"合作在实践中发展了多种形式的伙伴关系,积极拓展合作领域。随着金砖国家联系和合作日益深入,为应对新工业革命发展需要,加强政策交流、强化政策协调功能、拓展议题、释放互补优势和协同效应等是金砖创新基地承载的重要职能。金砖创新基地在健全工作运作机制的基础上,聚焦政策协调领域,通过办好交流活动、组建智库联盟、促进标准互认加强金砖国家的政策协调合作。如在组建智库方面,通过组建智库联盟开展政策研究,邀请23家国内知名高校和智库加入金砖创新基地智库合作联盟,建立专家库,策划举办金砖创新基地建设与发展论坛等活动。

二是加强金砖国家人才培养。人才是实现治理的主体,治理人才培养直接影响着治理话语权。在金砖合作乃至国际合作领域,需要大量专业领域人才、国际法人才等,并且要求他们成为知识生产者和技术创新者,拥有一定领域的解释权和界定权。基于厦门优势和特色资源,金砖创新基地着力从以下两方面出发:一方面是开展培训活动。组建厦门金砖新工业能力提升培训基地联盟,规模达16家,开发深入13个领域(如

宏观经济政策解读、跨文化交流融合、智慧城市管理、智慧产业、智能制造、通信与互联网等）34个培训项目，重点打造23个金砖示范性专业培训项目，推出培训课程680门，遴选17个精品现场教学点，举办39场培训交流活动，覆盖54个国家，吸引超149.5万人次参与，其突出成绩受到国家国际发展合作署赞许，并获批成立全球发展促进中心创新培训基地。另一方面是提升人才服务，助力"国际引才"。加强外国人才服务站建设，为金砖国家及其他国家创新创业人才提供"一站式"服务，助力重点企业引进24位外籍人才。

三是夯实金砖国家项目开发。金砖国家加强经贸务实合作进一步扩大贸易往来，能为当前金砖国家提供经济复苏的动力，推进多边合作项目的研究和开发，有利于帮助广大发展中国家和不发达国家，开展能力建设、发展经济技术，也能为维护当前全球产业链、供应链的安全顺畅运行建立基础。金砖创新基地致力于务实合作，为提升金砖国家合作机制含金量，进一步打开中国开放的大门。

4.打造更多合作成果，推动金砖合作更高质量、更具韧性的发展

首先，深化合作机制。金砖国家新工业革命伙伴关系走深向实，开展务实合作，需要有完善的合作机制作保障。通过共建合作机制深化合作，有利于合作中凝聚共识、引导行动、有效及时协调利益、实现共赢，从而帮助金砖国家抓住更多利益交叉点，增进政治互信和合作效益。合作机制的完善路径包括商讨决策、组织保障、争端仲裁和投入激励等多种，金砖合作本身的非正式性和软机制性较为明显，金砖创新基地应补充和完善合作机制的各个运行环节。[①]在商讨决策方面，金砖创新基地建

---

① 林跃勤：《合作机制理论与完善金砖国家合作机制研究》，《亚太经济》2017年第3期。

立部省市三方共建机制，理事会、战略咨询委员会、实体机构三级架构运行机制，成立厦门市金砖创新基地建设领导小组，健全相关工作机制。在组织保障方面，金砖创新基地主要聚焦政策协调、人才培养、项目开发等事务性、协调性工作。依托外事、商务、科技、侨务、贸促等部门的资源和渠道，对接金砖国家使领馆、友好省州市、华侨华人社团和商协会等，积极开展境外推介，拓宽合作渠道，实现资源互补，形成更多务实合作成果。

其次，拓展合作领域。金砖国家间存在广阔的合作空间，在"金砖+"模式进一步扩大朋友圈后，深化和拓宽金砖合作有深刻意义、巨大前景和可行性。一是新工业革命催生了"互联网+"、数字经济、智能制造等新技术，对金砖国家而言，既是挑战也是机遇，巩固既有领域的优势抓住新一轮科技革命，根本是要实现高质量发展。[①]厦门面向新工业革命带来的人工智能、大数据、第五代移动通信技术、区块链等新技术持续发力，致力于推动金砖国家在新科技领域进行智慧分享，助推金砖国家在新一代信息技术等先进技术上的联合攻关，助力金砖国家产业转型升级。[②]二是金砖国家携手应对全球经济风险挑战，对实现全球复苏和可持续发展具有重要作用，[③]金砖创新基地开展"买在金砖"活动，打通线上线下销售渠道，发挥平台优势促消费。据统计"买在金砖"线上促销活动，使得金砖国家优质特色商品的销售额比去年同期增长133.5%。[④]

---

① 赵剑波、史丹、邓洲：《高质量发展的内涵研究》，《经济与管理研究》2019年第11期。

② 龙敏：《金砖创新基地建设在厦门走深走实》，中国新闻网，http://www.chinanews.com.cn/cj/2022/11-11/9892391.shtml。

③《金砖国家领导人第十四次会晤北京宣言》（2022年6月14日），中国政府网，https://www.gov.cn/xinwen/2022-06/24/content_5697423.htm。

④ 冯其予：《激发数字经济合作潜能》，http://www.szzg.gov.cn/2021/xwzx/fhzx/202207/t20220708_5950099.htm。

在本次活动中俄罗斯的巧克力、南非的红酒、印度的调味料和巴西的坚果炒货成了"爆款",让广大消费者足不出户就享受到了金砖国家特色产品。三是金砖国家在人力资源开发方面进行合作,开展培训项目,推进包容、可持续工业化。如金砖创新基地主办包括第四届金砖国家新工业革命伙伴关系论坛、2022年金砖国家工业创新大赛等,这些活动旨在将新工业革命伙伴关系的愿景转化为实际行动,惠及所有金砖成员。

最后,提升合作韧性。由于国际经济政治环境的复杂,金砖国家在应对自身发展挑战,以及与之密切相关的全球性挑战中,需要强化自身发展韧性和合作韧性。金砖创新基地建设既是合作方式和合作模式上的创新,也是通过创新合作推动产业升级的重要平台,展现合作变革力;面对安全和气候变化等全球性问题,新工业革命伙伴关系应加强在重点领域的互惠共建,推动世界经济复苏,展现金砖合作的复原力。金砖创新基地在巩固既有合作的同时,在尊重彼此社会制度、核心利益的基础上,拓展新的合作范围和合作区域,体现出金砖合作的适应性。金砖创新基地借助厦门市对外开放和数字经济等领域的丰富经验,积极举办金砖相关会议、论坛等活动,利用智库联盟促进新兴市场国家和发展中国家间的有效对话,创造更多合作增长的空间和条件,提升新工业革命伙伴的自身创新驱动能力,释放合作增长潜力,提高合作韧性。

5. 讲好金砖故事,传播金砖合作的中国理念和中国方案

首先,凝练金砖故事与中国故事。开放、包容、合作、共赢的金砖精神,倡导着不同制度文化相互包容、不同发展模式互利共赢的合作模式,不断扩展金砖合作的"朋友圈"和受益范围,维护和增进广大发展

中国家的整体利益和福祉。[①]一是金砖创新基地立足厦门，作为改革开放之初确立的四个经济特区之一，这座城市的成功实践，折射着14亿多中国人民在改革开放道路上自强不息的奋斗史。包括金砖国家在内的广大新兴市场国家和发展中国家大多经历过艰苦的奋斗过程，各国虽然国情不同，但处于相近发展阶段，具有相同发展目标。[②]这一奋斗梦的金砖故事是相通的。二是金砖创新基地践行金砖及"金砖+"合作机制，成为发展中国家及其所在国际组织间加强对话、开展南南合作的新平台，目前已有约20个国家正式提交加入申请或表达了加入意愿，在更大范围内凝聚共识并形成合力，有助于打破美西方的霸权主义，推动世界走向多元化，为应对全球挑战提供"金砖方案"。[③]三是金砖创新基地积极发挥资源禀赋和产业优势，开展政策协调、人才培养、项目开发等领域创新合作，用"中国方案"照亮金砖国家合作前行方向。

其次，拓宽讲好金砖故事的途径。在当前世界百年未有之大变局下，讲好金砖故事、向世界输出金砖共同声音，需要在国际传播体系中打好舆论战、信息战和外交战。一是金砖创新基地尝试依托中央主流媒体、海外新媒体矩阵等渠道，联动当地主流媒体，全方位、多渠道开展对外宣传，扩大创新基地影响力。如2023年"央媒话厦门·'一带一路'厦门行"采访团走进采访金砖未来创新园，向全国展现金砖未来创新园的突出成绩。二是金砖创新基地以侨资侨力推动金砖合作。作为著名侨乡，

---

① 王毅：《金砖合作要做助推器、稳定器、加速器》，新华网，http://www.xinhuanet.com//world/2017-06/19/c_129638329.htm。

② 韩立群：《三重境界进一步夯实金砖合作》，国际在线，https://news.cctv.com/2017/09/02/ARTISFnrc20AVGsg5JO27gHu170902.shtml。

③ 中国人民大学重阳金融研究院金砖国家研究组：《金砖：全球发展的新未来》，中国人民大学官方网站，http://rdcy.ruc.edu.cn/docs/2022-06/8067c3261edc40 50b3f67a521526b3da.pdf，第17—19页。

开展"侨连五洲·华侨华人助力金砖国家发展论坛"等活动，吸引来自巴西、俄罗斯、印度、南非等国家的150余名海外侨领与侨商代表出席论坛，①为推动金砖合作走深走实贡献力量。三是依托国际合作、学术交流，通过共享文明成果，潜移默化地传播金砖故事及蕴含精神。

最后，创新金砖合作传播平台。在新工业革命背景下，网络信息技术更新迭代迅速，国际传播体系进入平台传播的新阶段，也迎来了发展中国家重新争夺国际话语权的时代机遇。亟需建设自主可控的新型数字平台，并通过创新平台运营理念、优化平台推送内容、升级平台数字技术等手段，②促进金砖国家间交流，强化金砖外宣的传播力、影响力。在传播平台理念上，金砖创新基地重视将维护人类共同利益的思想贯穿至平台的内容、技术和渠道等各个环节设计中，以更加包容开放的态度进行国际问题的讨论。在平台内容运营上，依托官网官微③、公众号和本地媒体、央媒等多种传播渠道，从本土化出发走向国际化之路，打造能够共通共情的意义空间。④在平台技术上，依托培训课程打造特色平台，面向世界上线多个专业培训课程，以科技无国界展示着金砖国家新工业革命伙伴关系合作的故事。

---

① 吴侃：《"侨连五洲·华侨华人助力金砖国家发展论坛"在厦门举行》，中国新闻网，http://www.chinaqw.com/qx/2022/11-10/344625.shtml。

② 廖秉宜、李姝虹：《平台战略：国际传播效能提升的创新路径》，《对外传播》2023年第2期。

③ 钟宝坤：《金砖创新基地官网官微上线》，http://xm.fjsen.com/2021-08/19/content_30814712.htm。

④ 胡正荣：《当代性与世界性：国际传播效能提升的重要路径》，《国际传播》2022年第3期。

三、示范引领意义

1.开展面向金砖国家全方位开放的综合改革试点，为拓展和深化金砖国家伙伴关系提供样本经验

首先，建设面向金砖国家的制度型开放试验区。开放是当代中国的鲜明标识。习近平总书记多次强调："中国开放的大门不会关闭，只会越开越大。"①厦庇五洲客，门纳万顷涛，厦门作为改革开放的前沿阵地，具备多项国家战略汇集，多区叠加的优势，深度融入全球经济体系，在打造开放型经济新体制方面始终走在前头。②金砖创新基地作为金砖合作的开放平台，正探路建成面向金砖国家的制度型开放试验区。一是实现制度型开放的重要突破。在具有规则、规制、管理、标准的内外衔接的开放举措下，③厦门已取得国际贸易"单一窗口"建设、商事登记"一照一码"改革、设立国际商事仲裁院、建设海丝中央法务区等成绩，并在巴西、印度设立海外联络点，为其加快推进制度型开放进程，主动对接国际高水平经贸规则奠定坚实基础。二是努力打造制度型开放先行区。厦门具备高水平对外开放的市场规模优势和推进制度型开放的产业基础，作为两岸经贸合作最紧密的区域，同时拥有国家海洋经济发展示范区、两岸新兴产业和现代服务业合作示范区、两岸区域性金融服务中心和两岸贸易中心，使得金砖创新基地更有条件从政策协调、人才培养和项目开发等领域出发在制度型开放上大胆尝试。

---

① 张二震：《中国开放的大门只会越开越大》，光明网，https://theory.gmw.cn/2022-03/04/content_35563053.htm。

② 康森、付敏、赵文才：《厦庇五洲客 门纳万顷涛——厦门经济特区40年发展纪实》，新华网，http://www.xinhuanet.com/politics/2020-09/21/c_1126519970.htm。

③ 迟福林：《以制度型开放推进中国式现代化——广东的实践经验与探索创新》，《人民论坛》2023年第6期。

其次，构建金砖国家新工业革命领域合作平台。厦门市围绕"国家所需、厦门所能、金砖国家所愿"，推动金砖创新基地建设形成更多实质性合作成果，成为金砖国家新工业革命合作的重要平台。[1]一是对金砖国家贸易往来不断深化。据统计2023年1至4月厦门市自金砖国家进口251.3亿元，增长84.7%；出口98.3亿元，增长29.5%。其中，进口煤炭、农产品分别增长317.3%和73.3%，出口汽车激增75.8倍、服装增长58.3%，[2]并在厦门跨境电商产业园设立了金砖国家商品服务中心。二是构建金砖国家金融服务平台：一方面拓宽跨境金融同业合作渠道。自2021年以来，中国人民银行厦门市中心支行指导交通银行厦门分行为交通银行巴西子行成功开立跨境人民币代理清算账户，现已有3家其他金砖国家的金融机构分支机构在厦门市银行开立人民币同业往来账户3个，累计清算金额1219万元人民币。另一方面提升服务金砖跨境贸易投融资水平。指导金融机构开展"凝聚金砖合力 共建创新基地"金砖系列活动，联合厦门大学金融文化研究院举办四期"厦门金砖创新基地建设（厦门大学）高级研修班"，推动服务基地人才建设。

最后，打造金砖国家示范协作产业链。新工业革命是以新一代信息技术为核心，以新能源、新材料、生物技术等为代表的新兴技术群体性突破和协同应用为主体，以人、机器和资源间的智能互联以及制造业数字化、网络化、智能化为特征，为我们充分利用现代科学技术实现产业链提升、价值链升级提供了重大机遇。[3]金砖创新基地通过搭建金砖国家

---

[1] 林宏宇：《金砖国家新工业革命伙伴创新基地的建设路径》，厦门市金砖创新基地领导小组办公室《金砖课题研究报告》，2022年，第14页。

[2]《2023年1—4月厦门市外贸进出口增长15.6%》（2023年5月23日），http://www.customs.gov.cn/xiamen_customs/zfxxgk22/3017978/3018709/491082/5045032/index.html。

[3] 赵昌文：《新型工业化呈现出哪些新特点新趋势》，《人民日报》2019年3月29日。

工业合作网络，促进资金、货物、人员、技术、服务自由流通，形成产业链供应链利益共同体。合力加快数字化转型，加快工业互联网、5G等新兴技术与制造业的融合应用，深入挖掘金砖各国发展经验并加强分享交流，共同营造开放、公平、公正的发展环境。①如金砖创新基地开展2022金砖国家新工业革命伙伴关系系列活动（包括金砖国家新工业革命伙伴关系论坛、金砖国家工业创新大赛、金砖国家新工业革命展），不断提升金砖国家产业链供应链创新合作水平。

2.引领金砖国家新工业革命政策理念实践、技术的转化应用

一是探索发展中国家新型工业化理论体系。全球发展倡议把握发展中国家的迫切需求，将工业化作为重点合作领域之一。当前，发展中国家具备数字变革红利、绿色增长契机和全球分工合作等多种有利条件，也面临关键生产要素变化、生态环保约束趋紧、全球产业格局调整等诸多不利因素。②新型工业化道路是一条既实现生产发展又低能耗低污染、既提升结构又能扩大就业、速度与效益相结合的工业化道路，强调将信息化放在优先发展的战略地位，利用高新技术使信息化带动工业化的发展，推动产业优化升级，走可持续发展道路。③发展中国家新型工业化理论体系应该是一种全新的理论体系和共识，摒弃西方中心论的发展观，"支持多边，反对单边霸权"，充分把握数字化、智能化融合发展。金砖创新基地作为深化金砖务实合作的崭新平台，是新工业革命时代对外开放的新高地，④在积极推动中国的投资、产品、服务等"走出去"，打造

---

① 工信部：《搭建金砖国家工业合作网络 形成产业链供应链利益共同体》（2022年5月24日），中国证券网. https://www.cnstock.com/v_news/sns_bwkx/202205/4887162.htm.

② 陈笑：《助推发展中国家工业化进程》，《民生周刊》2023年1月2日。

③ 李文强、陈宪：《新型工业化理论研究的发展》，《上海经济研究》2011年第5期。

④ 林宏宇：《金砖国家新工业革命伙伴创新基地的建设路径》，厦门市金砖创新基地领导小组办公室《金砖课题研究报告》，2022年，第7页。

形成一批绿色产品、绿色工厂、绿色工业园和绿色供应链试点等方面成绩卓著，推动金砖国家共同探索新型工业化发展的机制和路径，是不同于发达国家走过的经济发展模式的理论创新。[①]

二是实施一批新工业革命领域示范项目。金砖创新基地自启动建设以来，围绕新工业革命领域和其相关的服务领域推动落地一批项目，引领金砖国家新一代技术发展与科技成果转化。据统计，金砖未来创新园已签约进驻时代电服、壹普智慧等34个项目，企业入驻率95%。8个新工业革命领域赋能平台（包括金砖国家工业能力共享平台、产业链供应链协同创新平台等四项基础平台项目、金砖国家知识产权交易平台和数字技术标准创新示范平台等两项产业公共服务平台等）上线，建成工业互联网标识解析二级节点、国际互联网专用通道等数据基础设施。聚焦新一代电子信息、高端装备、生物医药、新材料、新能源等重点产业，推出的104个金砖创新基地示范单位（项目）涉及工业智造、绿色健康等四个领域，充分展示金砖创新基地与金砖国家各领域合作成果，签约77个金砖重点合作项目，总投资额达385亿元，落地中俄数字经济研究中心、铁建重工海外区域总部等项目。[②]这些标志性平台和企业的形成，为金砖国家赋能。

3.细化金砖国家新工业革命伙伴关系，深化各领域互利合作，做务实行动的表率

一是以金砖及"金砖+"合作机制构建高质量伙伴关系。金砖国家人口约32亿，占全世界总人口的近42%，对世界经济增长的贡献率超

[①] 史丹、李晓华等：《新型工业化内涵特征、体系构建与实施路径》，《中国工业经济》2023年第3期。

[②] 詹文：《金砖创新基地建设取得阶段性成果》，《厦门日报》2022年12月27日。

50%。①自 2017 年中国提出"金砖+"合作模式以来,"金砖+"作为一种
创新的国际合作形式,扩大了"朋友圈"和拓展了金砖国家合作机制的
影响力。金砖创新基地通过为金砖国家及其他新兴市场国家和发展中国
家提供新的合作平台,已成为新兴市场国家和发展中国家开展南南合作、
实现联合自强的典范。②一方面助力构建更加紧密的金砖合作伙伴关系。
金砖创新基地为金砖国家及其他新兴市场国家和发展中国家加强产业政
策对接开辟了新道路,通过围绕数字化、工业化等重点领域合作,促进
经济发展和转型,使金砖国家共同利益关系越加深厚、构建更加稳定的
安全共同体。另一方面助力构建更加务实的金砖合作伙伴关系。金砖创
新基地注重从科技创新推动合作,如以赛促训,邀请金砖国家及其他新
兴市场国家和发展中国家参加金砖国家工业创新大赛、职业技能大赛、
技能发展与技术创新国际赛,以及"鹭创未来"海外创业大赛等,促进
数字技术人才培养。

二是以数字化、智能化赋能创新平台,促进各领域合作。共促智能
化、共谋数字化、共建供应链,是金砖合作的重点和增长点。③厦门市重
视数字经济建设,并发布《"十四五"数字厦门专项规划》,明确提出广
泛开展数字经济开放合作,夯实金砖创新基地在工业互联网、大数据、
区块链、智能制造等新工业革命领域必备的数据及通信基础设施服务能
力,以及创新成果转化能力。在此背景下,金砖创新基地聚焦政策协调、

---

① 中国人民大学重阳金融研究院金砖国家研究组:《金砖:全球发展的新未来》,
http://rdcy.ruc.edu.cn/docs/2022-06/8067c3261edc4050b3f67a521526b3da.pdf。
② 《构建高质量伙伴关系 开启金砖合作新征程——在金砖国家领导人第十四次会晤
上的讲话》(2022 年 6 月 23 日),中国政府网,https://www.gov.cn/gongbao/content/2022/con-
tent_5699921.htm,2023-5-17。
③ 林宏宇:《金砖国家新工业革命伙伴创新基地的建设路径》,厦门市金砖创新基地
领导小组办公室《金砖课题研究报告》,2022 年,第 37 页。

人才培养和项目开发重点领域，构建金砖创新基地赋能平台，涵盖基础设施、产业服务、成果转化等。其中，金砖创新基地工业能力共享平台、区块链综合服务平台、产业链供应链协同创新平台三大基础平台，旨在夯实金砖创新基地在工业互联网、大数据、区块链、智能制造等新工业革命领域必备的数据基础设施服务能力。金砖创新基地知识产权交易服务平台、数字领域标准验证与创新应用服务平台两个服务平台，旨在构建新兴数字领域政策、标准、技术资源池，创新"一站式"公共服务，提高知识产权保护、标准化的产业升级能力。[①]

4.把握金砖合作未来发展方向，推动国际社会聚焦全球发展事业

第一，为谱写国际合作新篇章讲出金砖故事。金砖国家秉承"开放、团结、互助"的合作原则、"循序渐进、积极务实"的合作方式，以及"包容的、非对抗性的"合作态度表现出强大的吸引力和生命力。[②]当前国际形势复杂多变，金砖国家基于"开放、包容、合作、共赢"的合作伙伴精神，践行多边主义，巩固政治安全、经贸财金、人文交流"三轮驱动"架构，形成以领导人会晤为引领，以安全事务高级代表会议、外长会晤等为支撑，在广泛领域开展务实合作的多层次架构。[③]

第二，为构建新型全球治理体系贡献金砖力量。英国经济学家吉姆·奥尼尔（Jim O'Neill）创造"金砖"概念的初衷，是提出一种更具代表性的新型全球治理模式。[④]因此，推动和引领全球治理体系变革是金

---

① 沈彦彦、李晓平：《金砖创新基地赋能平台上线 金砖创新基地产业创新联盟正式成立》，《厦门日报》，http://www.mnw.cn/xiamen/news/2679820.html。

② 徐秀军：《中国与金砖国家金融合作机制研究》，中国社会科学出版社，2016年，第2页。

③ 陈凤英：《全球治理视角下的金砖合作机制化趋势》，《当代世界》2021年第10期。

④《"金砖之父"：金砖国家应在全球治理方面发挥更大作用》（2021年9月8日），中国日报网，https://cn.chinadaily.com.cn/a/202109/08/WS613891e3a3101e7ce97629f8.html。

砖国家合作的题中应有之义。在经济层面，金砖创新基地助力金砖国家牢牢抓住新工业革命的发展契机，加强技术创新和优势产业互补，加强经贸往来，推动互联互通。围绕电子商务、数字经济等领域开展密切合作。哈萨克斯坦东门经济特区中哈国际产业新城园区、厦门市贸促会等15家机构，签约加入"丝路与金砖国家跨境电商产业战略联盟"，并发出《丝路与金砖国家跨境电商产业战略联盟厦门倡议》[①]。在政治层面，金砖创新基地通过提供交流合作平台，助力金砖国家携手面对当前国际形势新特点新挑战提出金砖解决方案。如第六届金砖国家工业部长会议在加强全面合作、促进传统产业数字化转型、强化产业链供应链合作、提升工业发展能力等方面共同发声。在应对气候变化方面，金砖创新基地推动金砖国家在发展绿色经济、节能减排、碳达峰碳中和等方面开展务实合作，为推动全球绿色发展做出表率。

第三，为促进世界和平与发展、推动构建人类命运共同体贡献金砖智慧。和平与发展的时代主题没有变，各国人民对美好生活的追求没有变，国际社会同舟共济、合作共赢的历史使命也没有变。金砖国家在一定程度上代表着广大新兴市场和发展中国家，肩负着合力推进各国产业升级的进程和优化、推进区域合作、世界和平与发展等使命，走出一条对话而不对抗、结伴而不结盟、共赢而非零和的新型安全之路。金砖创新基地是金砖合作的样本，推进"政策协调、人才培养、项目开发"重点任务，助力开展开放性、包容性、持续性的多边合作，构建人类命运共同体的创新实践，为深化金砖务实合作贡献更大力量。

第四，为促进全球可持续发展提供金砖方案。习近平主席曾提出：

---

① 龙敏：《金砖创新基地建设在厦门走深走实》（2022年11月11日），中国新闻网，http://www.chinanews.com.cn/cj/2022/11-11/9892391.shtml。

"金砖国家要推动全球发展倡议走深走实，推动联合国2030年可持续发展议程再出发，构建全球发展共同体，助力实现更加强劲、绿色、健康的全球发展。"[①]金砖创新基地利用数字和技术工具等创新包容的解决方案，促进可持续发展，深化金砖务实合作和创新内容合作。早在2017年，厦门参与制定了金砖国家领导人会晤碳中和项目方案，在国内率先运用红树林海洋碳汇实施碳中和，助力推动80万平方米碳中和示范林建设，这是金砖国家领导人会晤历史上第一次实现"零碳排放"。厦门产权交易中心完成了首批2000吨金砖国家的核证碳减排交易，其中巴西碳交易1065吨，印度碳交易935吨，以碳交易为纽带构建厦门与金砖国家地区合作交流的新平台、新机制，[②]为促进全球可持续发展提供金砖方案。

---

① 《构建高质量伙伴关系 开启金砖合作新征程——在金砖国家领导人第十四次会晤上的讲话》（2022年6月23日），https://www.gov.cn/gongbao/content/2022/content_5699921. htm。

② 刘艳：《厦门产权交易中心完成首批金砖国家碳交易》，《厦门日报》2022年11月15日。

第六章 金砖创新基地高质量持续
发展的政策思考

自正式启动以来，金砖创新基地建设主要围绕三大任务部署，目前各项工作已步入正轨，工作模式逐渐成熟，成就斐然。但金砖创新基地毕竟建设时间仅两年多，摸着石头过河，离实现习近平主席的厚望重托还任重而道远，金砖创新基地仍存在一些可以提升或创新的工作领域。

第一，充分发挥智库联盟与战略咨询委员会积极作用。

系统总结2017年9月金砖国家领导人厦门会晤及厦门宣言精神，全面梳理、分析习近平主席历次金砖领导人会晤发言中关于金砖多边合作、金砖新工业革命伙伴关系建设以及金砖创新基地的论述及其精神内涵，结集成册，供工信部、福建省、厦门市及金砖创新中心等共建单位学习，以利于在工作中贯彻习近平外交思想的实践指导意义。

例如，金砖创新基地可结合理论与工作实践，更深入挖掘金砖国家领导人厦门会晤成功经验及厦门宣言精神，从中提炼出指导金砖创新基地的思想引领。2017年9月4日，金砖国家领导人第九次会晤在厦门国际会议中心举行，国家主席习近平主持会晤并发表题为《深化金砖伙伴关系 开辟更加光明未来》的重要讲话。习近平主席在讲话中提出，要致力于推进经济务实合作、加强发展战略对接、推动国际秩序朝更加公正合理方向发展。他特别强调要推动金砖合作从厦门再次扬帆远航，开启金砖合作第二个"金色十年"，使金砖合作造福五国人民，惠及各国人民。①厦门会晤上各国领导人取得务实推进金砖经济合作、全球经济治理、国际和平与安全、人文交流合作等多项共识，会晤成果体现在发表的《金砖国家领导人厦门宣言》。②习近平主席的讲话与厦门宣言，是金砖创新基地的起源。2017年金砖国家领导人厦门会晤之后，习近平主席在历次金砖领导人会晤中的讲话，都是着眼于未来，从世界局势深刻演变的逻辑出发，呼应新兴市场国家建立更公平合理国际经济秩序的共同愿景，并从务实推进金砖国家经济合作及新工业革命伙伴关系建设出发，寻求金砖各国的利益汇聚点，从而促进金砖国家团结合作，共同维护多边主义，提升金砖国家参与全球治理的代表性与话语权。只有系统学习、认真贯彻习近平主席关于金砖合作的历次讲话精神，才能真正让金砖创新基地建设承担使命担当，敢于在践行习近平外交思想方面先行先试，塑造成功典范。

第二，围绕新的重点议题，积极思考与创新开拓金砖创新基地工作新领域，更好地服务国家外交战略大局。

围绕疫情后金砖各国普遍面临的经济复苏问题，关注在南非召开的金砖国家领导人第十五次会晤中有关金砖合作中的去美元化，以及金砖扩员等新议题与新特点进行工作布局。

2022年以来，美西方国家刻意科技打压、脱钩断链及所谓的去风险化，进一步加剧了全球供应链危机，全球经济形势急剧恶化。在此背景下，经济安全成为各国施政重点之一。2022年6—7月，世界银行等机构不断对2022年全球经济增长率作出悲观预测，并警示衰退风险。世界银

---

① 《金砖国家领导人第九次会晤举行 习近平主持会晤并发表重要讲话》（2017年9月4日），中国政府网，https://www.gov.cn/xinwen/2017-09/04/content_5222556.htm。
② 《金砖国家领导人厦门宣言》，《人民日报》2017年9月5日。

行2022年6月发表的《全球经济展望》报告指出，全球经济滞涨风险增加，预计新兴市场国家经济增长放缓，降至3.4%（2021年6.6%，2011—2019年间平均增长4.8%）。尤其是作为金砖国家合作机制主要支持者的俄罗斯，其外交与经济局势都十分悲观。联合国"经济与社会事务部"在6月"世界经济形势与展望"简报中指出，地区安全冲突严重冲击了脆弱的全球经济复苏，推高了能源、食品和大宗商品价格，加剧了全球通胀压力与经济增长放缓，而地缘政治和经济的不确定性，正在削弱商业信心与投资，全球经济会面临重大下滑风险。

在复杂的国际环境下，伊朗等二十几个国家有意加入"金砖+"合作，俄罗斯则引领新一波去美元化浪潮，国际力量正加剧合纵连横。在俄罗斯引领下，多国推行以"本币结算"为主要方式的"去美元化"举措。各国采取"去美元化"举措的直接动因在于：2022年后，美西方国家将美元武器化，发起对俄罗斯的经济与金融制裁，甚至将俄罗斯踢出SWIFT体系，这对全球金融与货币市场造成冲击，也让新兴市场国家更清楚认识到美元霸权的严重后果，以及减少对美元的依赖、保障本国经济金融安全的必要性与紧迫性。

金砖国家领导人第十五次会晤召开前夕，多国正在采取灵活多样的措施来推进"去美元化"，而推进多元化货币与本币结算是这波"去美元化"浪潮中的主要特征：以以色列为代表的国家采取外汇储备多元化的措施；沙特阿拉伯同意用美元以外的货币出售石油，撬动石油美元的根基；印尼等国开启贸易与投资结算货币多元化；伊朗、巴西、阿根廷、印度等国推动本币结算，东盟也有意致力于加强本地货币使用；巴西、阿根廷正在研究发起美洲共同货币；俄罗斯与伊朗则计划推出加密货币。2023年1月18日，巴西提出希望绕开美元，建立一个更公平的国际支付体系。金砖国家是否将在金砖国家领导人第十五次会晤期间讨论采取一致行动"去美元化",成为西方媒体正密切关注的焦点。

表1　2022年之后各国"去美元化"事件

时　间	事　件
2022年4月	以色列央行开始将加元、澳元、H元和人民币纳入其外汇储备
2022年7月19日	伊朗外汇市场启动伊朗里亚尔/俄罗斯卢布货币交易
2023年1月	巴西总统卢拉和阿根廷总统费尔南德斯表示,两国正研究发起南美洲共同货币
2023年1月16日	俄罗斯与伊朗开始计划推出加密货币
2023年1月17日	沙特阿拉伯同意用美元以外的货币出售石油
2023年3月31日	东盟财长和央行行长会议上,东盟各成员国同意在该地区加强本地货币使用
2023年4月1日	印度贸易部长表示和马来西亚之间的贸易可用印度卢比结算
2023年4月17日	孟加拉国和俄罗斯已商定同意使用人民币来支付俄罗斯在该国建设的核电站项目款项
2023年4月20日	印尼已开启贸易交易和投资中结算货币多元化的进程,可以使用除美元以外的货币
2023年4月26日	阿根廷宣布将停止使用美元、转而使用人民币结算从中国进口的商品

2022年后,美国加紧操控"台海议题",导致我国周边外交环境也变得更为复杂,金砖创新基地推进金砖合作的努力可能也将面临各种障碍与难题。因此,金砖创新基地需要真正用好战略咨询委员会的智力支持,以更高超的智慧、更创新的思维,妥善运筹处理好推进金砖国家新工业革命伙伴关系和服务国家战略的难题。

第三,通过机制创新和政策创新拓展在更高水平上推进金砖创新基地建设的路径,真正将金砖创新基地打造成有更大国际影响力的合作平台。

深入研究国际局势演变,从服务国家战略出发,学习借鉴上海合作组织等多边国际组织运作经验,理顺金砖创新基地机制建设中的难点与痛点,在更高水平上推进金砖创新基地建设,通过金砖创新基地战略平台，更多分享中国智慧、中国方案，引导金砖国家在全球数字治理与新工业革命科技标准制定中，掌握更多的话语权和规则制定权。为此，有必要推进部省市共建机制优化，更好地聚合部、省、市优势资源，争取更好地协同解决金砖创新基地面临的财政、人力、智力等资源保障问题，从而有力支持金砖创新基地进一步提升国际化水平与国际影响力。

进一步深化政策对接、加快人才培养和项目开发，逐步吸纳更多的新兴市场国家和发展中国家，搭建更广泛的"金砖+"合作伙伴关系；继续办好金砖国家新工业革命伙伴关系论坛等品牌项目，积极拓展智库交流、信息服务、数字媒体等领域务实合作，为推动金砖合作机制高质量发展积蓄能量。

第四，发挥厦门区位、平台与资源优势，积极落实与扩大厦门市领导访巴成果，从中巴合作以点带面拓展到与其他金砖国家更紧密的金砖经济合作与新工业革命伙伴关系建设，赋能厦门产业发展。

当前中巴合作是金砖创新基地的亮点与优势，中巴关系回暖也为中巴合作创造了良好的条件。创新驱动是巴西推进"再工业化"的战略思路，巴西总统卢拉2023年4月访华期间，与中国在航天、半导体、6G等高科技领域签署了一系列合作协议。金砖创新基地可回应巴西战略需求，通过落实与扩大5月中旬黄文辉市长率团访巴成果，推进中巴科技创新合作：一是可发挥基地平台优势，继续开拓互访、会议、会展，以及华人商会、社团、媒体等多种渠道，继续向巴西等南美国家宣介中国式现代化的厦门实践，全方位展示厦门作为我国对外开放窗口城市的特区发展历史与成就，吸引巴西各界扩大与我市的交流与合作。二是可用好金砖创新基地智库作用，跟进服务8家厦企与巴合作项目，提供巴西营商环境分析以及信息、法律、咨询服务，并从巴西资源禀赋、双边产业互补、产业结构的完整性等方面不断挖掘巴西与厦门深化产能合作点，为更多厦门优质企业开拓巴西市场，为更多巴西企业来厦投资牵线搭桥。三是挖掘各方资源，在基地卓有成效的人才培养、创新大赛等活动基础上，根据厦门产业特点与需求，设计更多务实金砖合作与活动，并吸纳厦门与其他友好城市建设中的有益经验，赋能厦门国际化城市建设，也可及时总结与提炼厦门与巴西金砖合作中的经验，拓展到与其他金砖国家的合作。

第五，加强金砖国家算力建设，探索人工智能全球治理模式。

一是推动建设金砖国家数据自贸区，设立厦门金砖国家数据跨境流通中心。

全球数据流动对经济增长有明显的拉动效应。数据流动量每增加10%，将带动国内生产总值增长0.2%。预计到2025年，全球数据流动对经济增长的贡献将达到11万亿美元。根据经济合作与发展组织（OECD）测算，数据流动对各行业利润增长的平均促进率在10%，在数字平台、金融业等行业中可达到32%。[1]2021年国家"十四五"规划和2035年远景目标纲要指出："迎接数字时代，激活数据要素潜能，推进网络强国建设"，通过数据的开放、流动、共享使其成为促进经济高质量发展的新动能。全球化和数字化并行，使得数据的共享和流动不仅限于一国内部，而且跨越国界，各类经济主体存在跨境数据流动的现实需求。2019年，欧盟和日本已形成"全球最大安全数据流动区域"，2022年底，据《华尔街日报》报道，欧盟朝着与美国就跨境数据流动敲定协议迈出重要一步，该协议将允许欧洲人的个人信息合法存储在美国境内，从而减少监管机构对数千家定期传输此类信息的公司采取行动的威胁。而随着RCEP

---

① 赵竹青：《加强数据跨境流动探索 推动数字贸易高质量发展》（2023年2月23日），国务院新闻办公室网站，http://www.scio.gov.cn/xwfbh/xwbfbh/wqfbh/49421/49661/xg-bd49668/Document/1737102/1737102.htm。

生效，RCEP成为中国已签署的首个纳入"跨境信息传输"和"计算设施的位置"条款的区域贸易协定，将带来跨境数据流动限制放松，充分发挥数据作为一种生产要素对经济的促进作用。

与RCEP一样，金砖国家也需要建立数字贸易国际联盟链和数字贸易数据隐私保护标准，这本质上是金砖各国通过共建新型基础设施实现数据跨境，数据跨境流动是构建人类命运共同体的必然要求，若过于强调工业数据本地化，不允许数据流动，将不利于数字经济的创新与发展。福建省有建设数据自贸区的基础，2022年，福建大数据交易所在福州揭牌，这是福建省推进数据要素市场化流通的一个新的里程碑。数据交易所推动公共数据与社会数据融合应用，将探索大数据资源合规交易、有序流通、高效利用，旨在建立全省一体化的数据要素交易市场，助力福建打造全国大数据交易流通体制机制与应用服务高地，带动海丝沿线数字经济整体协同发展。福建大数据交易所首批合作数商企业达35家，能提供数据包、API、隐私计算、算法应用、云资源等数据服务，揭牌当日，完成挂牌的数据产品近100个，涉及能源类、金融类、通信类、征信类等类别，并完成了首批交易。

以隐私计算为代表的价值流通技术体系将为数据流通提供核心动能。隐私计算是指在保证数据提供方不泄露原始数据的前提下，对数据进行分析计算的一系列信息技术，保障数据在流通与融合过程中的"可用不可见"。①隐私计算的应用主要集中在金融领域，比如开放银行。金砖国家都在尝试区块链技术下的数字货币，2018年6月，南非央行发布基于分布式账本技术的"Khokha"数字货币支付项目试验报告；中国数字人

---

① 中关村网络安全与信息化产业联盟数据安全治理专业委员会：《数据安全治理白皮书5.0》，2023年，第1—5页。

民币已经进入实用阶段，俄罗斯、巴西2024年将推出数字卢布和数字里拉。数字货币将成为跨境数据自贸区的助燃剂。

二是推动金砖算力联网，探索人工智能的全球治理可行模式。

要缩小国家间的数字鸿沟，就需要让发展中国家获得使用算力和人工智能模型的机会，中国作为世界算力第二大国，有能力承担起提供有关算力、人工智能公共产品的责任。数据存力协同算力、网络资源共同发展，新型基础设施才能充分发挥数据要素的价值。"东数西算"工程同我国的"西气东输""西电东送""南水北调"等工程相似，如若推动金砖算力联网，本质上也是新型基础设施建设。从工信部在《新型数据中心发展三年行动计划（2021—2023年）》来看，寒冷地区数据中心的总能耗会低于炎热地区，（三年行动计划要求新建大型及以上数据中心PUE降低到1.3以下，严寒和寒冷地区力争降低到1.25以下。PUE=数据中心总能耗/IT设备能耗，其中数据中心总能耗包括IT设备能耗和制冷、配电等系统的能耗，其值大于1，越接近1表明非IT设备耗能越少，即能效水平越好）[1]，金砖算力联网有助于算力安全和降低人工智能训练的能耗。10家国家超算中心离厦门最近的是深圳超算中心，40家智算中心福建仅有一家，为位于福州的福建人工智能计算中心。而在广西南宁有中国—东盟人工智能计算中心，厦门设立一个金砖智能计算中心在发展布局上是可行的。

面对人工智能给网络安全带来的新冲击，各国已经开始准备应对措施。2023年4月11日，中国国家互联网信息办公室起草了《生成式人工智能服务管理办法（征求意见稿）》，涉及的生成式人工智能包括基于算

---

① 单志广、何宝宏、张云泉：《国家"东数西算"工程背景下新型算力基础设施发展研究报告》，中国智能计算机产业联盟，2022年，第30页。

法、模型、规则生成文本、图片、声音、视频、代码等内容的技术，对当下的人工智能伪造进行了全面的规定。4月13日美国参议院领袖舒默呼吁制定人工智能规则，以解决ChatGPT等人工智能程序广泛使用所带来的国家安全和教育担忧。舒默表示，新起草的监管规则概述了一种新的监管制度，该制度将防止对国家造成潜在灾难性的损害，同时确保美国在人工智能这一革命性技术方面取得进步和领先。欧洲数据安全委员会也在2023年4月成立了一个专门负责ChatGPT相关问题的特别工作组。金砖国家也需要有一个框架，增进数字领域的安全互信，尤其近年来，中俄都面临西方国家在信息领域的攻击和孤立，更需要巩固网络主权和数据主权。2019年《中华人民共和国和俄罗斯联邦关于发展新时代全面战略协作伙伴关系的联合声明》提出，要进一步采取措施维护双方关键信息基础设施的安全和稳定。[①]各国应平等参与人工智能的全球治理，推动构建全球网络空间治理秩序，避免AI被别有用心地用于"认知作战"、破坏国际国内共识。

三是建立金砖国家小语种国际人工智能训练语料库。

金砖国家除南非和印度的官方语言是英语，俄罗斯和巴西的官方语言都属于小语种，在AI训练中都面临语料质量低和数量匮乏的困境。中国有关部门已经开始意识到这一问题，北京市于2023年5月12日发布了关于对《北京市促进通用人工智能创新发展的若干措施（2023—2025年）（征求意见稿）》，除了对人工智能训练所需的算力推行统筹供给外，《征求意见稿》还表示，针对目前大模型训练高质量中文语料占比过少，不利于中文语境表达及产业应用的问题，整合现有开源中文预训练数据

---

① 李燕：《2021版〈俄罗斯国家安全战略〉及中俄安全合作》，《俄罗斯学刊》2022年第12期。

集和高质量互联网中文数据并进行合规清洗。同时持续扩展高质量多模态数据来源，建设合规安全的中文、图文对、音频、视频等大模型预训练语料库，通过北京国际大数据交易所社会数据专区进行定向有条件开放。金砖平台面向小语种国家的语料库可以参照北京的模式，建设训练语料库，将来通过福建的数据交易所向金砖国家开放。

此外，主流社交媒体和小视频相对传统网站，是舆论新阵地，信息密度高。但由于官方网站提供的 API 存在限制数据采集速度和身份验证等问题，常规的网络爬虫存在一定的局限性，难以采集到完整资料。中文互联网在金砖国家里属于规模较大的，但是国内手机应用程序惯常采取封闭手段来确保垄断优势，强迫用户下载手机应用程序，给用户使用网页版设置障碍，这种做法是不利于人工智能模型搜集训练语料的。为保障人工智能训练的语料来源，应要求这类手机应用程序保障网页版的完整、正常使用。

第六，充分发掘金砖国家文明交流合作在全球文明交流互鉴中的典范意义，探索构建"金砖国家文明对话合作网络"的路径，呼应落实"全球文明倡议"。

金砖创新基地可携手金砖各国挖掘金砖国家文明发展成果和智慧卓识，着力传播五国价值文化相通的故事，推进金砖五国文明交流互鉴，凝聚金砖国家合力，弘扬全人类共同价值。

一是充分释放厦门"会展经济"动能，加强与金砖国家合作对接，进一步做大做强会展产业链，让更多的国际化高端品牌活动落地厦门，全面提升厦门城市产业发展水平。

厦门可加强与金砖国家会展机构的合作。推动厦门与巴西阿尔坎特拉（Alcantara Machado）展览公司、巴西 Diretriz 集团、巴西 Milanez&Milaneze 展览公司、俄罗斯 Restec 展览公司、印度展览集团、印度光辉会展公司、南非 EMS 展览公司等金砖国家会展机构合作建立工业产品、医药、电子信息等重点引进项目库和重点培育项目库，积极引进一些品牌常年展、巡回展等国际展会。

厦门可与金砖国家发展机制中一些极具潜力的展会建立紧密合作，拓展金砖国家会展市场，探索贸易合作新模式。比如，可提升厦门品牌会展成熟经验和机制，将中国厦门国际石材展与俄罗斯国际石材展览会、印度石材展览会、巴西维多利亚国际石材展览会、南非石材展览会等金砖国家石材展会相结合，成为其营销平台；可进一步推进"厦门中国国际投资贸易洽谈会"品牌展会，充分利用 5G、云计算、大数据等技术，探索开展"中国—金砖国家国际贸易数字经贸展览会"，打造数字展览新业态等；亦可做精做优"艺术厦门博览会""中国（厦门）国际休闲旅游博览会""厦门国际茶产业博览会"等国际展会，进一步探讨与金砖国家合作办展、开展巡回展等的可能性。

厦门可依托海洋港口资源优势，大力培育发展凸显厦门地方特色的海洋会展平台。诸如游艇产业是海洋新兴产业，被誉为漂浮在黄金水道上的商机。可充分利用厦门作为我国国内重要的游艇产业基地这一基础，结合金砖国家产业特点，开展中国、南非、巴西国际游艇展览会交流与合作，并拓展国际游艇展产业链增加值，探索"产业+城市+功能区"模式，打造兼具商贸、旅游、赛事等全产业链的综合性会展产业集聚区。

二是突出特色主题，推动金砖国家双边和多边交流，夯实金砖国家伙伴关系的民心基础和社会基础。

可结合 2022 和 2023 年俄中体育合作主题，利用好"厦门国际马拉松赛""厦门国际赛车嘉年华"与俄罗斯开展马拉松、赛车等项目的体育交流活动。此外，可结合金砖"南非年"，充分发挥厦门与南非德班的国际友城效应，继续开展国际友城海洋经济与港口对接会，创新开展"厦门—德班国际友城青年论坛"，与国内非洲研究智库合作，创新开展"中国—南非文化合作交流周"；与南非孔子学院合作，在南非开展"'阅读中国'图书展"等活动。

可结合福建省和厦门市文化特色，充分挖掘金砖国家文化、历史资源，打造文旅融合精品，以"世界遗产""万里茶道"为载体，搭建金砖国家文旅交流国际平台。如在"金砖公园"精品项目打造中加入金砖国家世界遗产元素，充分运用符合时代发展的文化表现形式进行加工提炼。可借鉴故宫文创产品开发的经验，打造"金砖世界遗产"周边文旅产品，深化体验参与，把文化资源转化为文化产品，扩大宣传效果，提升厦门"金砖之城"的文明文化形象。利用联合国"国际茶日"，开展金砖国家"茶话会"，讲述与茶叶有关的民俗、传说等，探寻金砖国家以茶为媒介的交往历史，深化文化交流互鉴。

三是重视发挥华人华侨纽带桥梁作用，打造金砖国家"侨+网络"，搭建金砖国家民间交流合作平台。

建议加强与金砖国家闽籍侨团、商会的联系，积极对接金砖国家侨商资本投资动向，科学策划运作招商项目，深化国际产能合作，进一步挖掘华人华侨资源，讲好金砖国家故事。此外，可依托福建、厦门恳亲会、联谊会、华商会等活动，通过举办"侨团骨干培训班""侨领培训班"等形式，构建与海外侨社和行业协会的常态化沟通协调机制。同时，可充分发挥"华人华侨"的人才、资源和平台优势，疏通金砖国家经济、文化、教育等方面交流合作渠道。可参考温州做法实施"海外传播官培育工程"，面向金砖国家，让国际友人讲中国故事；可借鉴福州市外侨办与世界福建青年巴西联会共建"榕侨书屋"的举措，与金砖国家闽籍侨团、商会开展传承"嘉庚精神"的相关活动。

中共中央政治局委员、中央外办主任王毅 2023 年 7 月 25 日在约翰内斯堡出席第十三次金砖国家安全事务高级代表会议时表示，经过十几年发展，金砖国家已成为新兴市场国家和发展中国家联合自强的重要平台。我们顺应时代潮流，站在历史正确的一边，站在人类进步的一边，这是金砖合作的底气所在。我们持续推进政治安全、经贸财金、人文交流"三轮驱动"合作，取得丰硕成果，这是金砖合作的信心来源。我们将努力提升新兴市场国家和发展中国家的话语权和影响力，为变乱交织的世界不断注入正能量，这是金砖合作的能力体现。在新形势下，我们要把握好金砖国家未来发展方向，进一步加强政治互信和战略协作，不断提供符合时代要求的国际公共产品，努力将开放包容、合作共赢的金砖精神转化为实际行动，擦亮金砖合作"金字招牌"。让世界听到更多的金砖声音、见证更大的金砖作用。①这也是金砖创新基地进一步深入发展的持续目标。

通过金砖创新基地的创新发展，世界得以窥见中国拥抱世界、投身时代舞台的开放胸襟和文明底色。新兴市场国家和发展中国家的合作之船、友谊之船，将从金砖创新基地驶向世界。金砖创新基地体现出中国加强与新兴市场国家团结协作、构建开放型世界经济的远见和担当，象征着中国与金砖国家合作共赢、互惠互利的精神和态度，为谱写国际合作新篇章贡献金砖智慧。

---

① 《王毅出席第十三次金砖国家安全事务高级代表会议》新华网，http://www.news.cn/2023-07/25/c_1129767833.htm。

附录　2013—2022年习近平历年
"金砖主张"主要内容

年份	演讲内容	主要思想
2013	主旨讲话:《携手合作共同发展》①	a.核心思想:以"构筑伙伴关系、实现共同发展"为目标,求和平、谋发展、促合作、图共赢。 b.理念:①和平与合作:我们要坚定维护国际公平正义,维护世界和平稳定,让世界上每一个国家都有和平稳定的社会环境,让每一个国家的人民都能安居乐业;要始终坚持和平发展、合作共赢,要和平不要战争,要合作不要对抗,在追求本国利益时兼顾别国合理关切。②平等与民主:始终坚持平等民主、兼容并蓄,尊重各国自主选择社会制度和发展道路的权利,尊重文明多样性,做到国家不分大小、强弱、贫富都是国际社会的平等成员,一国的事情由本国人民做主,国际上的事情由各国商量着办。 c.实践:①全球治理:全球治理体系如何变革,我们都要积极参与,发挥建设性作用,推动国际秩序朝着更加公正合理的方向发展,为世界和平稳定提供制度保障。②全球发展伙伴关系:在经济全球化深入发展的时代条件下,金砖国家发展不能独善其身,必须在谋求本国发展的同时促进各国共同发展;要推动各国加强宏观经济政策协调,改革国际货币金融体系,推动贸易和投资自由化便利化,促进全球经济更加强劲发展;我们要共同参与国际发展议程的制定,充分利用人类积累的生产力和物质资源,完成联合国千年发展目标,缩小南北发展差距,促进全球发展更加平衡;要用伙伴关系把金砖各国紧密联系起来,下大气力推进经贸、金融、基础设施建设、人员往来等领域合作,朝着一体化大市场、多层次大流通、陆海空大联通、文化大交流的目标前进;增强五国政治互信和人民友谊,加强治国理政经验交流;加强在联合国、二十国集团、国际经济金融机构等框架内的协调和配合,维护共同利益;要把各国的政治共识转化为具体行动,积极推进金砖国家新开发银行、外汇储备库等项目,加快各领域务实合作。

① 习近平:《携手合作　共同发展——在金砖国家领导人第五次会晤时的主旨讲话》(2013年3月27日),外交部官网,https://www.mfa.gov.cn/web/zyxw/201303/t20130327_322219.shtml。

续表

年份	演讲内容	主要思想
2014	主旨讲话:《新起点、新愿景、新动力》①	a.核心思想:发展金砖国家更紧密、更全面、更牢固的伙伴关系。 b.理念:发扬金砖国家独有的合作伙伴精神,即开放、包容、合作、共赢的精神。 c.实践:①坚定不移推动经济可持续增长:要通过经济改革,增强经济增长内生动力;坚持包容性增长理念,用社会政策托底宏观经济政策,提升经济增长质量;协调经济发展、社会发展、环境保护的关系。②坚定不移开展全方位经济合作:以金砖国家资源禀赋和产业结构多样性为合作基础,在贸易和投资、货币金融、基础设施领域、人文领域建立更紧密经济伙伴关系;已就建立金砖国家新开发银行达成共识。③坚定不移塑造有利外部发展环境:应该推动金砖国家在经济总量、对外贸易、国际投资等方面占全球比重继续上升;应该推动完善全球经济治理,把增加发展中国家代表性和发言权的有关共识和决定落到实处,确保各国在国际经济合作中机会平等、规则平等、权利平等;应该推动加强全球宏观经济政策协调,防范主要经济体经济政策变动给金砖国家带来负面外溢效应。
2014	主旨讲话:《新起点、新愿景、新动力》①	④坚定不移提高道义感召力:金砖国家主持公道、弘扬正义,致力于建设公平公正的美好世界,金砖国家应在国际事务中共同提出方案,放大这种正能量。 d.中国外交理念:中国外交有原则、重情谊、讲道义、谋公正。对大国关系,中国主张不冲突不对抗、相互尊重、合作共赢,共同走和平发展之路。对金砖合作,我们尤为珍视,列为外交优先领域,坚持同金砖国家做好朋友、好兄弟、好伙伴。

① 习近平:《新起点 新愿景 新动力——在金砖国家领导人第六次会晤上的讲话》(2014 年 7 月 15 日),外交部官网,https://www.mfa.gov.cn/web/zyxw/201407/t20140716_328681.shtml。

② 习近平:《新起点 新愿景 新动力——在金砖国家领导人第六次会晤上的讲话》(2014 年 7 月 15 日),外交部官网,https://www.mfa.gov.cn/web/zyxw/201407/t20140716_328681.shtml。

续表

年份	演讲内容	主要思想
2015	主旨讲话:《共建伙伴关系 共创美好未来》①	a.核心思想:如何进一步加强金砖国家伙伴关系。 b.实践:①构建维护世界和平的伙伴关系:面对越来越多的非传统安全挑战,金砖国家应该倡导共同、综合、合作、可持续的安全观,协调行动,相互支援,携手应对这些全球性问题;要以史为鉴,摒弃冷战思维,拒绝零和博弈;要继续致力于推动国际关系民主化,倡导通过对话和谈判解决分歧。②构建促进共同发展的伙伴关系:我们要以建设利益共享的价值链和利益融合的大市场为目标,共同构建更紧密经济伙伴关系,发挥各成员国在资源禀赋、产业结构上的互补优势,合力拓展更大发展空间;推进金砖国家新开发银行总部和非洲区域中心建设;落实好金砖国家经济伙伴战略;要继续致力于促进发展中国家共同发展繁荣,在2015年后发展议程、气候变化等重大国际发展议题上,维护新兴市场国家和发展中国家共同利益。③构建弘扬多元文明的伙伴关系:要坚持开放包容,在交流互鉴中取长补短,在求同存异中共同前进;要加强同其他新兴市场国家和发展中国家团结合作,不断壮大我们的力量,扩大金砖国家代表性和影响力。
2015	主旨讲话:《共建伙伴关系 共创美好未来》②	④构建加强全球经济治理的伙伴关系:要共同致力于提高金砖国家在全球治理体系中的地位和作用,推动国际经济秩序顺应新兴市场国家和发展中国家力量上升的历史趋势;倡导建设开放型世界经济,支持多边贸易体制,推动多哈回合谈判维护新兴市场国家和发展中国家的正当权益。

① 习近平:《共建伙伴关系 共创美好未来——在金砖国家领导人第七次会晤上的讲话》(2015年7月9日),外交部官网,https://www.mfa.gov.cn/web/zyxw/201507/t20150709_333641.shtml。

② 习近平:《共建伙伴关系 共创美好未来——在金砖国家领导人第七次会晤上的讲话》(2015年7月9日),外交部官网,https://www.mfa.gov.cn/web/zyxw/201507/t20150709_333641.shtml。

续表

年份	演讲内容	主要思想
2016	主旨讲话:《坚定信心 共谋发展》①	a.核心思想:金砖国家应该如何共同应对国际大环境带来的挑战? b.实践建议:①共同建设开放世界:推进结构性改革,创新增长方式,构建开放型经济,旗帜鲜明反对各种形式的保护主义;以推进经贸大市场、金融大流通、基础设施大联通、人文大交流为抓手,走向国际开放合作最前沿。②共同勾画发展愿景:要继续高举发展旗帜,结合落实2030年可持续发展议程和二十国集团领导人杭州峰会成果,加强南北对话和南南合作,推动全球经济实现强劲、可持续、平衡、包容增长。③共同应对全球性挑战:要加强在重大国际问题以及地区热点上的协调沟通,共同行动,推动热点问题的政治解决,携手应对自然灾害、气候变化、传染病疫情、恐怖主义等全球性问题。既要联合发声,也要采取务实行动。④共同维护公平正义:要继续做全球治理变革进程的参与者、推动者、引领者,推动国际秩序朝着更加公正合理的方向发展,继续提升新兴市场国家和发展中国家代表性和发言权;要继续做国际和平事业的捍卫者,推动构建合作共赢的新型国际关系。
2016	主旨讲话:《坚定信心 共谋发展》②	⑤共同深化伙伴关系:要以落实《金砖国家经济伙伴战略》为契机,深化拓展各领域经济合作,提升金砖国家整体竞争力;要把金砖国家新开发银行和应急储备安排这两个机制建设好、维护好、发展好;要加强人文交流;要继续扩大和巩固金砖国家"朋友圈"。

---

① 习近平:《坚定信心 共谋发展——在金砖国家领导人第八次会晤大范围会议上的讲话》(2016年10月16日), https://www.mfa.gov.cn/web/zyxw/201610/t20161017_339351.shtml。

② 习近平:《坚定信心 共谋发展——在金砖国家领导人第八次会晤大范围会议上的讲话》(2016年10月16日), https://www.mfa.gov.cn/web/zyxw/201610/t20161017_339351.shtml。

续表

年份	演讲内容	主要思想
2017	主旨讲话：《深化金砖伙伴关系 开辟更加光明未来》① 在金砖国家工商论坛开幕式上的讲话：《共同开创金砖合作第二个"金色十年"》②	主旨讲话部分： a.核心思想：尽管国情不同，但对伙伴关系、繁荣发展的共同追求，使得金砖五国能够超越差异和分歧，努力实现合作共赢。 b.实践建议：①致力于推进经济务实合作：应该紧紧围绕经济务实合作这条主线，在贸易投资、货币金融、互联互通、可持续发展、创新和产业合作等领域拓展利益汇聚点；今年，制定了《金砖国家服务贸易合作路线图》《金砖国家投资便利化纲要》《金砖国家电子商务合作倡议》《金砖国家创新合作行动计划》《金砖国家深化工业领域合作行动计划》，成立了新开发银行非洲区域中心，决定建立金砖国家示范电子口岸网络，在税收、电子商务、本币债券、政府和社会资本合作、金融机构和服务网络化布局等方面达成积极共识。②加强发展战略对接：发挥各自在资源、市场、劳动力等方面比较优势，本着共商、共建、共享原则，寻找发展政策和优先领域的契合点，继续向贸易投资大市场、货币金融大流通、基础设施大联通目标迈进。

---

① 习近平：《深化金砖伙伴关系 开辟更加光明未来——在金砖国家领导人厦门会晤大范围会议上的讲话》（2017 年 9 月 4 日），外交部官网，https://www.mfa.gov.cn/web/zyxw/201709/t20170904_343236.shtml。

② 习近平：《共同开创金砖合作第二个"金色十年"——在金砖国家工商论坛开幕式上的讲话》（2017 年 9 月 3 日），外交部官网，https://www.mfa.gov.cn/web/zyxw/201709/t20170903_342144.shtml。

年份	演讲内容	主要思想
2017	主旨讲话:《深化金砖伙伴关系 开辟更加光明未来》① 在金砖国家工商论坛开幕式上的讲话:《共同开创金砖合作第二个"金色十年"》②	③致力于推动国际秩序朝更加公正合理方向发展:就事关国际和平与发展的问题共同发声,共提方案;坚定奉行多边主义和国际关系基本准则,推动构建新型国际关系,为各国发展创造和平稳定环境;推动开放、包容、普惠、平衡、共赢的经济全球化,建设开放型世界经济;推进全球经济治理改革,提高新兴市场国家和发展中国家代表性和发言权。④致力于促进人文民间交流。 在工商论坛开幕式讲话部分: a."金砖十年"合作经验总结:三条启示,即一是平等相待、求同存异;二是务实创新、合作共赢;三是胸怀天下、立己达人。 b. 未来十年,金砖国家如何发展经济、加强合作的实践建议:第一,深化金砖合作,助推五国经济增加动力:不能片面追求增长速度,而是要立足自身、放眼长远,推进结构性改革,探寻新的增长动力和发展路径;应该共同探索经济创新增长之道,加强宏观政策协调和发展战略对接,发挥产业结构和资源禀赋互补优势,培育利益共享的价值链和大市场,形成联动发展格局;落实《金砖国家经济伙伴战略》,推动各领域合作机制化、实心化。第二,勇担金砖责任,维护世界和平安宁:举行安全事务高级代表会议和外长正式会晤,建立常驻多边机构代表定期磋商机制,召开外交政策磋商、反恐工作组、网络安全工作组、维和事务磋商等会议,

---

① 习近平:《深化金砖伙伴关系 开辟更加光明未来——在金砖国家领导人厦门会晤大范围会议上的讲话》(2017年9月4日),外交部官网,https://www.mfa.gov.cn/web/zyxw/201709/t20170904_343236.shtml。

② 习近平:《共同开创金砖合作第二个"金色十年"——在金砖国家工商论坛开幕式上的讲话》(2017年9月3日),外交部官网,https://www.mfa.gov.cn/web/zyxw/201709/t20170903_342144.shtml。

续表

年份	演讲内容	主要思想
2017	主旨讲话:《深化金砖伙伴关系 开辟更加光明未来》① 在金砖国家工商论坛开幕式上的讲话:《共同开创金砖合作第二个"金色十年"》②	就是要加强在国际和地区重大问题上的沟通和协调,汇聚金砖合力;要维护联合国宪章宗旨和原则以及国际关系基本准则,坚定维护多边主义,推动国际关系民主化,反对霸权主义和强权政治;倡导共同、综合、合作、可持续的安全观,建设性参与地缘政治热点问题解决进程。第三,发挥金砖国家合作机制作用,完善全球经济治理:应该推动建设开放型世界经济,促进贸易和投资自由化便利化,合力打造新的全球价值链,实现经济全球化再平衡,使之惠及各国人民;要合力引导好经济全球化走向,提供更多先进理念和公共产品,推动建立更加均衡普惠的治理模式和规则,促进国际分工体系和全球价值链优化重塑;要推动全球经济治理体系变革,反映世界经济格局现实。第四,拓展金砖影响,构建广泛伙伴关系:金砖国家奉行开放包容的合作理念,高度重视同其他新兴市场国家和发展中国家合作,建立起行之有效的对话机制;我们应该扩大金砖合作的辐射和受益范围,推动"金砖+"合作模式,打造开放多元的发展伙伴网络,让更多新兴市场国家和发展中国家参与到团结合作、互利共赢的事业中来。

---

① 习近平:《深化金砖伙伴关系 开辟更加光明未来——在金砖国家领导人厦门会晤大范围会议上的讲话》(2017年9月4日),外交部官网,https://www.mfa.gov.cn/web/zyxw/201709/t20170904_343236.shtml。

② 习近平:《共同开创金砖合作第二个"金色十年"——在金砖国家工商论坛开幕式上的讲话》(2017年9月3日),外交部官网,https://www.mfa.gov.cn/web/zyxw/201709/t20170903_342144.shtml。

续表

年份	演讲内容	主要思想
2018	主旨讲话:《让美好愿景变为现实》① 在金砖国家工商论坛上的讲话:《顺应时代潮流实现共同发展》②	主旨讲话部分: a.主题:如何在第四次工业革命到来之际,且国际环境保护主义和单边主义愈演愈烈的情况下,金砖国家的发展实现包容增长和共同繁荣? b.主要观点:①释放经济合作巨大潜力:加强贸易投资、财金、互联互通等领域合作,把合作蛋糕做大做实;要在联合国、24国集团、世界贸易组织等框架内,坚定维护基于规则的多边贸易体制,推动贸易和投资自由化便利化,旗帜鲜明反对保护主义;要坚持创新引领,通过建设新工业革命伙伴关系,加强宏观经济政策协调,实现发展战略深度对接,在相互砥砺中加速新旧动能转换和经济结构转型升级。②坚定维护国际和平安全:要继续高举多边主义旗帜,维护联合国宪章宗旨和原则,敦促各方遵守国际法和国际关系基本准则,倡导以对话协商解决分歧;要充分发挥外长会晤、安全事务高级代表会议、常驻联合国代表会晤等机制作用,发出金砖声音,提出金砖方案,共同构建相互尊重、公平正义、合作共赢的新型国际关系。③深入拓展人文交流合作:广泛开展文化、教育、卫生、体育、旅游等各领域人文大交流,筑牢金砖合作民意基础;中方建议举行金砖博物馆、美术馆、图书馆联盟联合巡展等活动,加强文化创意产业、旅游、地方城市等领域合作。④构建紧密伙伴关系网络:我们要在联合国、二十国集团等框架内拓展"金砖+"合作,扩大新兴市场国家和发展中国家共同利益和发展空间,推动构建广泛伙伴关系,为世界和平与发展作出更大贡献。

---

① 习近平:《让美好愿景变为现实——在金砖国家领导人约翰内斯堡会晤大范围会议上的讲话》(2018年7月26日),外交部官网,https://www.mfa.gov.cn/web/zyxw/201807/t20180726_344358.shtml。

② 习近平:《顺应时代潮流实现共同发展——在金砖国家工商论坛上的讲话》(2018年7月25日),外交部官网,https://www.mfa.gov.cn/web/zyxw/201807/t20180726_344352.shtml。

续表

年份	演讲内容	主要思想
2018	主旨讲话:《让美好愿景变为现实》① 在金砖国家工商论坛上的讲话:《顺应时代潮流实现共同发展》②	在金砖国家工商论坛上的讲话部分: 主要观点:①未来十年的发展趋势:未来10年,将是世界经济新旧动能转换的关键10年,将是国际格局和力量对比加速演变的10年,将是全球治理体系深刻重塑的10年。②未来十年怎么做:第一,坚持合作共赢,建设开放经济;第二,坚持创新引领,把握发展机遇;第三,坚持包容普惠,造福各国人民;第四,坚持多边主义,完善全球治理。③中国将如何做:深入贯彻创新、协调、绿色、开放、共享发展理念,加快推进创新驱动发展战略,深入参与国际创新和技术合作,积极开展南南合作;具体而言,中国将继续敞开大门搞建设,大力推进"一带一路"建设,加强中非合作、构建中非命运共同体。

---

① 习近平:《让美好愿景变为现实——在金砖国家领导人约翰内斯堡会晤大范围会议上的讲话》(2018年7月26日),外交部官网, https://www.mfa.gov.cn/web/zyxw/201807/t20180726_344358.shtml。

② 习近平:《顺应时代潮流实现共同发展——在金砖国家工商论坛上的讲话》(2018年7月25日),外交部官网, https://www.mfa.gov.cn/web/zyxw/201807/t20180726_344352.shtml。

续表

年份	演讲内容	主要思想
2019	主旨讲话:《携手努力共谱合作新篇章》①在金砖国家工商论坛闭幕式上的讲话②	主旨讲话部分: a.金砖国家合作机制应该怎么做:①营造和平稳定的安全环境:我们应该以维护世界和平、促进共同发展为目标,以维护公平正义、推动互利共赢为宗旨,以国际法和公认的国际关系基本准则为基础,倡导并践行多边主义;密切战略沟通和协作,发出金砖共同声音,推动国际秩序朝着更加公正合理的方向发展。②谋求开放创新的发展前景:深入推进金砖国家新工业革命伙伴关系,在贸易和投资、数字经济、互联互通等领域不断打造合作成果;金砖国家应该发挥负责任大国作用,积极倡导共商共建共享的全球治理观,推动全球经济治理体系变革。要坚决反对保护主义,维护以世界贸易组织为核心的多边贸易体制,提升新兴市场国家和发展中国家在国际事务中的发言权和影响力。③促进互学互鉴的人文交流:金砖国家为世界文明交流提供了最佳实践;在这个基础上,我们要以"金砖+"合作为平台,加强同不同文明、不同国家的交流对话,让金砖的朋友圈越来越大,伙伴网越来越广。 b.中国将怎么做:①坚持扩大对外开放;②推进高质量共建"一带一路";③继续奉行独立自主的和平外交政策,始终不渝走和平发展道路,在和平共处五项原则基础上发展同各国友好合作关系,努力构建新型国际关系、构建人类命运共同体。 在金砖国家工商论坛闭幕式上的讲话部分: 主要观点:主要强调,在保护主义、霸权主义逆流而动的背景下,金砖国家会加强开放与合作,致力于构建新工业革命伙伴关系,为企业创造良好的发展条件。

① 习近平:《携手努力共谱合作新篇章——在金砖国家领导人巴西利亚会晤公开会议上的讲话》(2019年11月14日),外交部官网,https://www.mfa.gov.cn/web/ziliao_674904/zyjh_674906/201911/t20191115_7946174.shtml。

② 新闻:《习近平出席金砖国家工商论坛闭幕式并发表讲话》(2019年11月13日),外交部官网,https://www.mfa.gov.cn/web/zyxw/201911/t20191114_347518.shtml。

续表

年份	演讲内容	主要思想
2020	主旨讲话：《守望相助共克疫情 携手同心推进合作》①	a.主题：在新冠大流行、经济衰退、保护主义和霸权主义愈演愈烈的情况下，金砖国家如何在人类命运共同体理念下共同解决抗疫和发展问题。 b.主要观点：①我们要坚持多边主义，维护世界和平稳定：面对多边和单边、公道和霸道之争，金砖国家要坚定维护国际公平正义，高举多边主义旗帜，捍卫联合国宪章宗旨和原则，维护以联合国为核心的国际体系，维护以国际法为基础的国际秩序；各国应该超越意识形态，尊重彼此根据自身国情选择的社会制度、经济模式、发展道路；要倡导共同、综合、合作、可持续的安全观，通过协商和谈判化解分歧，反对干涉内政，反对单边制裁和"长臂管辖"，共同营造和平稳定的发展环境。②我们要坚持团结协作，合力克服疫情挑战：要坚持人民至上、生命至上，调集一切资源、尽一切努力保护人民生命安全和身体健康；要加强国际联防联控，分享疫情信息，交流抗疫经验，遏制病毒传播；要支持世界卫生组织发挥关键领导作用；要在疫苗和医药方面加强研发、生产、共享方面的合作。③我们要坚持开放创新，促进世界经济复苏：要加强宏观经济政策协调，推动落实"人员与货物跨境流动便利化倡议"，保障产业链、供应链安全畅通，助力各国复工复产、恢复经济；要坚定不移构建开放型世界经济，维护以世界贸易组织为核心的多边贸易体制，反对滥用国家安全之名行保护主义之实；要利用好疫情催生的新业态新模式，加强科技创新合作，营造开放、公平、公正、非歧视的营商环境；

---

① 习近平：《守望相助共克疫情 携手同心推进合作——在金砖国家领导人第十二次会晤上的讲话》（2022 年 11 月 17 日），外交部官网，https://www.mfa.gov.cn/web/zyxw/202011t/t20201117_348762.shtml。

续表

年份	演讲内容	主要思想
2020	主旨讲话:《守望相助共克疫情 携手同心推进合作》①	在加快建设金砖国家新工业革命伙伴关系方面,中国将在福建省厦门市建立金砖国家新工业革命伙伴关系创新基地,开展政策协调、人才培养、项目开发等领域合作,也发起了《全球数据安全倡议》,希望得到金砖国家的支持。④我们要坚持民生优先,推进全球可持续发展:要直面疫情挑战,推动国际社会将落实《联合国2030年可持续发展议程》置于国际发展合作核心,将消除贫困作为首要目标,让资源更多向减贫、教育、卫生、基础设施建设等领域倾斜;要支持联合国发挥统筹协调作用,推动构建更加平等均衡的全球发展伙伴关系,让发展成果更多惠及发展中国家。⑤我们要坚持绿色低碳,促进人与自然和谐共生:要落实好应对气候变化《巴黎协定》,恪守共同但有区别的责任原则,为发展中国家特别是小岛屿国家提供更多帮助;中国将提高国家自主贡献力度,采取更有力的政策和举措,二氧化碳排放力争于2030年前达到峰值,努力争取2060年前实现碳中和。
2021	主旨讲话:《携手金砖合作应对共同挑战》②	主旨讲话部分: 主要观点:在疫情之下,就加强金砖国家务实合作,习近平主席提出了五点倡议:第一,坚持同舟共济,加强公共卫生合作;第二,坚持公平可及,加强疫苗国际合作;第三,坚持互利共赢,加强经济合作;第四,坚持公平正义,加强政治安全合作;第五,坚持互学互鉴,加强人文交流合作。

---

① 习近平:《守望相助共克疫情 携手同心推进合作——在金砖国家领导人第十二次会晤上的讲话》(2022年11月17日),外交部官网,https://www.mfa.gov.cn/web/zyxw/202011/t20201117_348762.shtml。

② 习近平:《携手金砖合作应对共同挑战——在金砖国家领导人第十三次会晤上的讲话》(2021年9月9日),外交部官网,https://www.mfa.gov.cn/web/zyxw/202109/t20210910_9604448.shtml。

续表

年份	演讲内容	主要思想
2022	主旨讲话:《构建高质量伙伴关系 开启金砖合作新征程》① 在金砖国家工商论坛开幕式上的演讲:《把握时代潮流 缔造光明未来》②	主旨讲话部分: a.目标:携手构建更加全面、紧密、务实、包容的高质量伙伴关系。 b.主要观点:①我们要坚持和衷共济,维护世界和平与安宁:金砖国家应该在涉及彼此核心利益问题上相互支持,践行真正的多边主义,维护公道、反对霸道,维护公平、反对霸凌,维护团结、反对分裂;习近平主席提出全球安全倡议,倡导坚持共同、综合、合作、可持续的安全观,立足人类是不可分割的安全共同体,走出一条对话而不对抗、结伴而不结盟、共赢而非零和的新型安全之路。②我们要坚持合作发展,共同应对风险和挑战:我们发起金砖国家加强供应链合作倡议、贸易投资与可持续发展倡议,通过了海关合作与行政互助协定、粮食安全合作战略,首次举办应对气候变化高级别会议,应该充分利用这些新平台,促进产业链供应链互联互通,共同应对减贫、农业、能源、物流等领域挑战;要支持新开发银行做大做强,稳步吸收新成员,同时推动完善应急储备安排机制,筑牢金融安全网和防火墙;要拓展金砖国家跨境支付、信用评级合作,提升贸易、投融资便利化水平;习近平主席提出全球发展倡议,旨在推动联合国2030年可持续发展议程再出发,推动构建全球发展共同体。

---

① 习近平:《构建高质量伙伴关系 开启金砖合作新征程——在金砖国家领导人第十四次会晤上的讲话》(2022年6月23日),外交部官网,https://www.mfa.gov.cn/web/zyxw/202206/t20220623_10708945.shtml。

② 习近平:《把握时代潮流 缔造光明未来——在金砖国家工商论坛开幕式上的主旨演讲》(2022年6月22日),外交部官网,https://www.mfa.gov.cn/web/ziliao_674904/zyjh_674906/202206/t20220622_10707994.shtml。

续表

年份	演讲内容	主要思想
2022	主旨讲话:《构建高质量伙伴关系开启金砖合作新征程》①	③我们要坚持开拓创新,激发合作潜能和活力:要推动完善全球科技治理,加快金砖国家新工业革命伙伴关系创新基地建设,举办工业互联网与数字制造发展论坛、可持续发展大数据论坛,达成数字经济伙伴关系框架,发布制造业数字化转型合作倡议,建立技术转移中心网络、航天合作机制,为五国加强产业政策对接开辟了新航路;着眼数字时代人才需要,加强创新创业合作打造人才库。④我们要坚持开放包容,凝聚集体智慧和力量:在科技创新、人文交流、可持续发展等领域开展了丰富多彩的"金砖+"活动,为广大新兴市场国家和发展中国家搭建了新的合作平台。
	在金砖国家工商论坛开幕式上的演讲:《把握时代潮流缔造光明未来》②	在金砖国家工商论坛开幕式上的主旨演讲部分: 主要观点:第一,我们要团结协作,共同维护世界和平稳定,推动全球安全倡议落地见效;第二,我们要守望相助,共同促进全球可持续发展,基于全球发展倡议,推动构建团结、平等、均衡、普惠的全球发展伙伴关系,全面推进减贫、卫生、教育、数字互联互通、工业化等领域合作;第三,我们要同舟共济,共同实现合作共赢,特别强调主要发达国家要采取负责任的经济政策,不要把世界经济政治化、工具化、武器化,否则终将损人害己;第四,我们要包容并蓄,共同扩大开放融合,推动构建开放型世界经济,坚持共商共建共享,加强全球经济治理,增加新兴市场国家和发展中国家代表性和发言权。

---

① 习近平:《构建高质量伙伴关系 开启金砖合作新征程——在金砖国家领导人第十四次会晤上的讲话》(2022年6月23日),外交部官网,https://www.mfa.gov.cn/web/zyxw/202206/t20220623_10708945.shtml。

② 习近平:《把握时代潮流 缔造光明未来——在金砖国家工商论坛开幕式上的主旨演讲》(2022年6月22日),外交部官网,https://www.mfa.gov.cn/web/ziliao_674904/zyjh_674906/202206/t20220622_10707994.shtml。

后　记

2024年10月22日至24日，金砖国家领导人第十六次会晤在俄罗斯喀山举行。这是金砖国家扩员后的第一次峰会，开启了"大金砖合作"新阶段。2025年1月6日，东南亚最大经济体印尼又正式加入金砖，进一步凸显了金砖合作机制的全球影响力。当前，全球化与全球治理面临严峻挑战，高质量的国际合作举步维艰。如何在利益多元、文明各异、发展水平不同的国家之间实现相互尊重与合作共赢是全球治理的难题，金砖国家合作为此提供了答案。金砖国家合作是超越国家行为体之间异质性和竞争性、深入开展高质量国际合作的典范，是新时代多边合作的国际制度创新。作为促进"全球南方"团结合作的主要渠道、推动全球治理变革的先锋力量，即将开启的"大金砖合作"将深刻影响未来国际格局演变与世界秩序转型。

同时，新时代中国将在这个创新型多边国际合作机制中扮演越来越重要的角色。如何为新时代中国的金砖战略服务？作为落户在"金砖之城"——厦门的中央高校，华侨大学秉承"顶天、立地、树人"的理念，积极发挥属地优势，服务国家战略，服务地方政府。自2017年以来，以服务厦门金砖峰会、厦门金砖创新基地为引领，不断探索和研究，打造了一支金砖国家研究团队。团队依托华侨大学国际关系学院，积极发挥政治学、国家安全学、区域国别学、涉侨研究等学科的综合优势，深耕金砖国家合作机制的理论与实践，以及新工业革命伙伴关系的理论与政策研究。

本书是2023年度金砖国家新工业革命伙伴关系创新基地智库合作和课题研究的重要成果之一，由我担任学术总策划与写作指导，由华侨大学金砖合作研究团队共同完成。本书以习近平外交思想为指导，努力立足新时代中国特色大国外交的理论和实践创新，结合厦门金砖创新基地的建设和发展，具体阐述了中国在构建创新型国际多边合作范式方面的重大外交战略和地方实践。第一章"习近平外交思想对金砖合作的影响"由黎宇清撰写；第二章"习近平外交思想对'金砖+'机制的引领作用"由张行撰写，第三章"习近平外交思想引领下的金砖国家共同体建构"由谢婷婷撰写；第四章"金砖合作与中国式现代化"由蒋楠撰写，第五章"习近平外交思想引领下的金砖创新基地建设"由胡越云撰写；第六章"习近平外交思想视角下的金砖创新基地实践的世界意义"由黄晓瑞撰写。各章均从理论与实践纬度，聚焦厦门金砖创新基地高质量持续发展的政策思考。全书由蔡晶教授统稿。

本课题的研究及本书的写作，得到了习近平外交思想研究中心及中国国际问题研究院的悉心指导与大力支持。另外，本书的出版也得到了天津人民出版社的专业支持，在此，我代表课题组表示衷心的感谢。

正如金砖合作是一项前无古人的创新型多边国际合作一样，对这方面的研究在国内也属于开拓性与探索性领域。受作者学术水平限制，观点浅陋或论述疏漏与不足之处在所难免，请同行专家学者多多指正。

林宏宇

2025 年 1 月 16 日于北京